Karl Lamprecht, Friedrich von Bezold, Ottokar Lorenz

Die historische Methode des Herrn von Below

Eine Kritik

Karl Lamprecht, Friedrich von Bezold, Ottokar Lorenz

Die historische Methode des Herrn von Below
Eine Kritik

ISBN/EAN: 9783744606202

Hergestellt in Europa, USA, Kanada, Australien, Japan

Cover: Foto ©ninafisch / pixelio.de

Weitere Bücher finden Sie auf **www.hansebooks.com**

Die historische Methode des Herrn von Below.

Eine Kriti

von

Karl Lamprecht.

Berlin 1899.
R. Gaertners Verlagsbuchhandlung.
Hermann Heyfelder.
SW. Schönebergerstraße 26.

In der Historischen Zeitschrift (Band 81 S. 193—273) hat Herr v. Below einen Aufsatz über „Die neue historische Methode" veröffentlicht, der sich ausschließlich mit meiner historischen Methode, meiner Deutschen Geschichte und nicht zum mindesten mit meiner Person beschäftigt. Ich habe die Absicht, ihm im folgenden zu antworten. Ich gehe dabei auf die persönlichen Partieen seines Aufsatzes nicht ein, denn die tragen zur Sache nichts aus; und Liebhaber persönlicher Polemik muß ich auf Herrn v. Below selbst verweisen. Sachlich aber läßt sich der Inhalt des gegnerischen Aufsatzes in zwei Kategorieen zerlegen: Herr v. Below sucht Gründe gegen meine historische Methode zusammen und trägt seine eigenen methodologischen Gedanken vor. Was er mit der zweiten Kategorie bezweckt, spricht er selbst (S. 196) mit den Worten aus, daß er eine Anschauung von den Aufgaben und Zwecken der Geschichtswissenschaft geben zu können hoffe. Wir haben es also der Meinung des Herrn v. Below nach mit einem positiven System geschichtlicher Methodologie zu thun, das er dem gegnerischen entgegensetzt, und von dem aus er dieses beurteilt.

Unter diesen Umständen ist der Weg für eine Antikritik sehr einfach gegeben. Es ist nur nötig, die positive Anschauung des Gegners auf ihre Richtigkeit zu prüfen; ergiebt sich, daß sie nicht gehalten werden kann, so fällt damit auch die Kritik zusammen, die von ihrem Standpunkte aus geübt ist. Daneben können sich zwar hier und da noch Anstände nebensächlicher

Natur ergeben, und es kann der Versuch gemacht werden, sie durch eine partikulare „Polemik" zu begründen: indes das ist von wenig Bedeutung gegenüber einer maßgebenden Widerlegung auf grundsätzlichem Gebiete.

I.

Herr v. Below trägt seine positive „Anschauung von den Aufgaben und Zwecken der Geschichtswissenschaft" nicht in völlig ununterbrochenem Zusammenhange vor. Vielmehr muß man ihre einzelnen Sätze zusammensuchen. Das Ergebnis, zu dem man dabei gelangt, ist, in wörtlichen Citaten, das folgende:

„Wir sind gegen die Annahme historischer Gesetze aus dem einfachen Grunde, weil sie nicht nachweisbar sind... Dabei nehmen wir den denkbar unbefangensten Standpunkt ein: wir machen immer wieder den Versuch, ob sich nicht vielleicht ein Gesetz aufspüren lasse. Aber es ist eben bisher noch nie gelungen... Hintze meint (Hist. Zeitschr. Bd. 78 S. 66), daß ,die natürliche Tendenz zu einer regulären Entwicklung unzweifelhaft vorhanden ist, daß sie aber, wie es scheint, nirgends über Ansätze hinausgeführt hat, die im wesentlichen der Frühzeit der Völker angehören, der Zeit, wo sie noch nicht in den Strom der weltgeschichtlichen Entwicklung eingemündet sind'. Abgesehen von den Bedenken, die wir gegen das Wort ‚natürlich' und gegen die Ansicht haben, daß zu irgend einer Zeit ein Volk ganz unabhängig von der allgemeinen Entwicklung bezw. von auswärtigen Verhältnissen gewesen sei, können wir sehr wohl zugeben, daß eine Tendenz zu einer regulären Entwicklung vorhanden ist[1]... Wir wollen darum auch durchaus nicht den Historiker abmahnen, nach solchen ‚historischen Gesetzen' zu suchen. Er soll vielmehr sein Augenmerk darauf gerichtet behalten. Dieses Streben kann ihm nur nützlich sein. Allein wir beginnen ja nicht heute die historische Forschung. Eine

---

[1] Vgl. hierzu S. 236: „‚Eine reguläre, typische Entwicklung' zeigen die Völker nur in ihrer Frühzeit und auch nur ‚meistenteils'. Ob Hintze in dieser letzteren Hinsicht der naturwissenschaftlichen Auffassung noch etwas zu viel zugestanden hat, mag dahingestellt bleiben."

stattliche Reihe von Generationen hat sich schon der Geschicht=
schreibung gewidmet. Wir haben bereits ein recht beträchtliches
Beobachtungsmaterial aufgespeichert. Und wenn nun heute
jemand nicht bloß erklärt, der Historiker habe in erster Linie
Gesetze zu erforschen, sondern sogar, es seien schon Gesetze nach=
gewiesen, denen der geschichtliche Verlauf unabänderlich unter=
liege, dann besitzt er entweder nicht die Unbefangenheit, die die
historische Betrachtung erfordert, oder er hat nur einen sehr
oberflächlichen Blick in die geschichtliche Entwicklung gethan.
Wie kann jemand ein Dutzend Bände historischer Darstellung
verfassen (so viel ungefähr zähle ich bei Lamprecht) und dann
noch an historische Gesetze glauben, dann noch die Hauptaufgabe
des Geschichtschreibers in deren Feststellung sehen! Er verzichte
darauf, sich weiter als Historiker zu produzieren. Er suche die
Befriedigung seines wissenschaftlichen Bedürfnisses in den Natur=
wissenschaften oder in der Philosophie, obwohl auch diese ihm
teilweise ihre Pforten verschließen wird. Wenn die geschichtliche
Betrachtung irgend etwas gelehrt hat, so ist es die Wahrheit,
daß der eigentliche Beruf des Historikers darin liegt, ‚ins Detail
hinabzusteigen‘, daß er sich ‚vorwiegend und in erster Linie mit
den Varietäten‘ zu beschäftigen hat. Denn nicht nur, daß be=
stimmte Gesetze sich nicht nachweisen lassen; wir haben genügende
Beobachtungen gemacht, um zu wissen, daß ein anderer Zweck
als die Aufspürung von allgemeinen Gesetzen viel höher zu
stellen ist. ‚Was bleibt‘ — ruft Windelband (Geschichte und
Naturwissenschaft S. 21) aus — ‚bei einer Induktion von
Gesetzen des Volkslebens schließlich übrig? Es sind ein paar
triviale Allgemeinheiten, die sich nur mit der sorgfältigen Zer=
gliederung ihrer zahlreichen Ausnahmen entschuldigen lassen.‘
Selbstverständlich ist es, wenn wir ‚ins Detail hinabsteigen‘,
nicht unsere Absicht und nicht unser Verhängnis, in den Einzel=
heiten nach Art eines antiquarischen Forschers stecken zu bleiben.
Aber die menschliche Entwicklung enthüllt sich uns nur im
‚Detail‘ ... Wenn wir das wirkliche historische Leben sehen
wollen, wenn das, was der Historiker über allgemeine Zu=
sammenhänge, über die Kräfte in der Geschichte sagen zu können

glaubt, von echter Lebensanschauung gesättigt sein soll, so wäre hierfür die Stimmung, welche das Detail als minderwertig ansieht, eine höchst ungeeignete Voraussetzung. Ich möchte in der That die Behauptung aufstellen: der Nutzen der geschichtlichen Betrachtung liegt weit mehr in der Erkenntnis, daß es keine historischen Gesetze (ich mache natürlich die Einschränkung: keine wahrnehmbaren Gesetze; denn es läßt sich ja nicht beweisen, daß der Charakter der Notwendigkeit bei den geschichtlichen Ereignissen absolut ausgeschlossen ist) giebt, als in der, daß hier und da etwas Gesetzähnliches bemerkbar ist . . .

Man hat oft erklärt, daß der Begriff der Entwicklung den einer gesetzlichen Entwicklung einschließe. Die Frage ist schwierig zu erörtern. Der Historiker kann jedenfalls einen Entwicklungsbegriff von zu positivem Inhalt nicht gebrauchen. Er fühlt sich oft versucht, gegen die Konstruktion bestimmter Entwicklungsstufen gerade den Entwicklungsbegriff geltend zu machen. Er wird immer wieder in die Lage kommen, konstatieren zu müssen, daß die Entwicklung nicht so verlaufen ist und nicht so verläuft, wie Menschenwitz sie sich konstruiert. Im Historiker steckt zweifellos ein Stück Skeptiker. Wenn es der Zweck der Wissenschaften ist, eine Gesamterkenntnis hervorzubringen, so fällt der Historie dabei zunächst die Rolle zu, auf die Relativität aller der Behauptungen hinzuweisen, die die systematischen Wissenschaften aufstellen . . . Die Geschichtswissenschaft bestreitet immer die Allgemeingültigkeit der Systeme, der Begriffe. Sie lehrt erkennen, daß die Dinge nicht stabil sind, daß die starren Dogmen und Regeln, die man aufstellt, zum mindesten bedeutenden Einschränkungen unterliegen, zugleich auch, daß es unzulässig ist, für die menschliche Entwicklung feste Naturgesetze zu dekretieren . . . Keine Wissenschaft vermittelt für sich allein eine vollständige Welterkenntnis; erst in ihrer Vereinigung und gegenseitigen Ausgleichung liefern die verschiedenen Wissenschaften eine Gesamtanschauung. Aber eben damit sie zu diesem Ziele führen können, muß jeder die eigentümliche Art ihrer Anschauung gesichert bleiben. Der Historiker darf, wenn er richtig sehen will, sich nicht der Brille des Naturforschers bedienen; er hat ja seine eigenen Augen. Und sein Beruf wird es eben voraussichtlich immer bleiben, gegen die Konstruktionen der Systematiker Einspruch zu erheben. Es soll nun keineswegs behauptet werden, daß der Nutzen der geschichtlichen Betrachtung sich darin erschöpfe, zu Zweifeln anzuregen, die Relativität aller Systeme erkennen zu lassen. Er ist auch sehr positiver Natur. Vergegenwärtigen wir uns, um ihn aufzuzeigen, die wichtigsten Beobachtungen, die die Geschichtsforschung gemacht hat. Zunächst dürfte der Gedanke der historischen Rechtsschule zu nennen sein, daß das Recht Produkt des Volksgeistes sei. Wir können dieser Idee, namentlich im Hinblick auf die weitere Fassung, in der die große Bewegung der Romantik sie nimmt (ich erinnere nur an die sprachwissenschaftlichen Studien), die Form geben, daß der einzelne in seinem Volke steht. Wie die romantische Bewegung überhaupt den Rationalismus überwunden hat, so stellt jener Gedanke speciell die Überwindung seiner Geschichtsauffassung dar. Die Anschauung, daß lediglich die Individuen (als solche) die Elemente der Geschichte sind, aus deren bewußter, planmäßiger, berechnender Wechselwirkung sich die socialen Gebilde aufbauen, ist damit endgültig beseitigt worden. Kein Historiker des 19. Jahrhunderts hat sie mehr vertreten. Jene Idee ist nun wohl geeignet, der Konstruktion historischer Entwicklungsgesetze Nahrung zu geben. Allein sie enthält noch nicht die volle Wahrheit. Die Romantik ist die heilsame Reaktion gegen den Rationalismus, aber wie jede Reaktion einseitig. Der einzelne ist Glied seines Volkes, jedoch nicht bloß Glied seines Volkes. Der Verwertung jenes Gedankens für die Konstruktion von Entwicklungsgesetzen stehen andere historische Beobachtungen entgegen, die nicht weniger bedeutungsvoll sind. Einmal die Rankesche Entdeckung von dem Einfluß der auswärtigen Verhältnisse auf die inneren Vorgänge der Staaten. Sodann die Wahrheit, die wir vorhin (S. 235) mit den Worten Treitschkes hervorgehoben haben. ‚Ohne die Kraft und die That eines einzelnen, einer Persönlichkeit vermag sich nichts Großes und Förderndes durchzusetzen ... Eine stumpfe Psychologie sieht nicht, daß dies die eigentlichen Hebel der Geschichte sind... Nicht nur im Anfang war das Wort, das Wort, das zugleich That und Leben ist, sondern immerfort in der Geschichte hat in und über der treibenden Not das lebendige, mutige, thatkräftige Wort, nämlich die Person, gewaltet.' Auch diese Anschauung von der tiefgreifenden Bedeutung der Persönlichkeit dürfen wir als eine allgemeine historische Beobachtung bezeichnen. Denn mit seltener Übereinstimmung haben sich die Historiker zu ihr bekannt. Und selbst diejenigen, die, wie Lamprecht, an historische Gesetze glauben, sehen sich zu einigen, in ihrem System freilich inkonsequenten Konzessionen an jene Anschauung veranlaßt (s. oben S. 226 ff.). Hiernach dürfte klar sein, worin wir den positiven Wert der geschichtlichen Betrachtung zu sehen haben. Einerseits betonen wir, daß, wer in das Kulturleben der Menschen zu lebendiger Mitwirkung eintreten will, das Verständnis seiner Entwicklung haben muß (Windelband S. 19). Andrerseits sehen wir, daß der Mensch in seiner Gattung, seinem Volke, dem Zusammenhang, in dem er geboren wird, nicht aufgeht. Der höchste Wert, den das Leben für den Menschen hat, liegt darin, daß er sich selbständig weiter zu entwickeln, daß er etwas zu erringen vermag, daß er eine Individualität ist... Bedarf es nun noch einer weiteren Beweisführung, daß derjenige, der dem Historiker als erste und eigentliche Aufgabe die Aufsuchung allgemeiner Gesetze zuweist, das Wesen der Geschichte vollkommen verkennt? Eine wahre Verflachung der historischen Betrachtung bewirkt die naturwissenschaftliche Auffassung...

Wir brauchen uns... als Historiker mit der Frage der Geltung des Kausalitätsgesetzes nicht aufzuhalten. Denn es ist noch nie gelungen, seine ausnahmslose Geltung auf dem Gebiet der Geisteswissenschaften nachzuweisen, und es wird auch nie gelingen, das Kausalitätsgesetz hier selbst nur in annähernder Reinheit durchzuführen, am wenigsten auf dem Gebiet der Geschichte. Man mag noch so eifrig die unbedingte Geltung des Kausalitätsgesetzes als notwendiges Postulat bezeichnen, der Historiker vermag damit nichts anzufangen. Er sieht sich überall genötigt, empirisch den Individualismus der

menschlichen Handlungen zu konstatieren; dieser schließt die
Nachweisbarkeit der unbedingten Geltung jenes Gesetzes aus.
Wer an jenes Postulat glauben zu müssen meint, der mag die
Persönlichkeit als eine bloße Resultante der Wirkung von Ur=
sachen ansehen. Der Historiker kann ihm dahin nicht folgen.
Er hat sich darauf zu beschränken, die Thatsache dieser eigen=
tümlichen Konstellation — in seiner Sprache: die Thatsache
einer Persönlichkeit — festzustellen; auflösen kann er sie, mit
seinen Mitteln, nicht. Individuum est ineffabile . . . Wer
Geschichte schreiben und auf das Lob unbefangener historischer
Betrachtung Anspruch erheben will, wird sich zu diesem Stand=
punkt auch dann bekennen müssen, wenn ihn seine philosophischen
oder naturwissenschaftlichen Überzeugungen zum Glauben an
jenes Postulat zwingen. Hier bleibt ebenfalls die Wahrheit be=
stehen, daß der Historiker seine eigenen Augen hat, die geschicht=
liche Entwicklung nicht mit der Brille ansehen darf, die ein
Philosoph oder ein Naturforscher sich aufzusetzen für gut be=
funden hat. Er würde ja sonst auf die Selbständigkeit seiner
Wissenschaft verzichten. Historische Erkenntnis kann er nur aus
historischen Quellen, mit den Mitteln der historischen Methode
gewinnen. Die Vertreter anderer Wissenschaften mögen unsere
Erkenntnis für beschränkt halten. Wir sind der Ansicht, daß
die Naturforscher, die auch geschichtliche Dinge nur durch ihre
Brille sehen und die Resultate der selbständigen historischen
Forschung ignorieren, nicht zu einer vollen Erkenntnis des Welt=
ganzen, sondern zu einem furchtbar einseitigen Bilde gelangen;
daß ihre Anschauungen sehr dringend der Kontrolle durch die
unbefangene historische Betrachtung bedürfen... Unser ceterum
censeo aber lautet: unter dem Hinweis auf das Kausalitäts=
gesetz eine gesetzmäßige Entwicklung zu behaupten, ist dilettan=
tische Kühnheit."

So weit Herr v. Below. Die soeben wörtlich zusammen=
gestellten Äußerungen könnten noch durch einige andere Be=
merkungen ergänzt werden, sowie durch Schlüsse auf positive
Anschauungen, die sich polemischen Sätzen v. Belows entnehmen
ließen. Indessen es bedarf dessen nicht: die Anschauungen des

Gegners kommen in den mitgeteilten, mehr zusammenhängenden Darlegungen entschieden genug zum Ausdruck. Zudem wird sich später Gelegenheit ergeben, auch zerstreute Äußerungen beizubringen, soweit sie von einiger Wichtigkeit zu sein scheinen.

Überblickt man die Auseinandersetzungen des Herrn v. Below als Ganzes, so ergiebt sich zunächst, daß es sich für ihn in dem methodologischen Streite der Gegenwart so wenig wie für mich um die unteren Funktionen der historischen Methode handelt, soweit diese zur Herstellung der geschichtlichen Thatsachen führen. Über Wert und Bedeutung dessen, was man gewöhnlich Niebuhrsche Methode nennt, sind wir völlig einig, und einig darum auch darüber, daß hierher gehörige Fragen nicht Gegenstand der jetzt gepflogenen Erörterung bilden. Die Diskussion bewegt sich vielmehr auf dem höheren Gebiete der methodologischen Fragen, da, wo es sich um das Urteil über schon festgestellte geschichtliche Thatsachen und demgemäß deren gegenseitigen Zusammenhang handelt.

Und hier spricht Herr v. Below, soweit es gelingt, seine Ausführungen einer Disposition zu unterwerfen, von drei Problemen: dem der historischen Gesetze, dem der geschichtlichen Entwicklung und dem der Kausalität in der Geschichte. Ich lasse dahingestellt, inwiefern er damit allen Fragen gerecht wird, die in Erörterungen wie den jetzigen behandelt werden können; wir wollen uns im folgenden, dem Gegner entgegenkommend, ausschließlich in den, allerdings fundamentalen, Bereich derjenigen Probleme einschließen, die er berührt hat.

Da fällt nun zunächst die Thatsache auf, daß Herr v. Below in jedem der angeführten drei Teile Entgleisungen seiner Ausführungen erlebt, die auch durch den gelegentlichen Versuch, am Schlusse jeweils wieder die prinzipielle Frage aufzuwerfen, nicht verdeckt werden. Die Erörterung der Frage der historischen Gesetze verleitet ihn zu Betrachtungen darüber, inwiefern der Historiker „ins Detail hinabsteigen müsse" (was er in jedem Fall thun muß, gleichgültig, ob er historische Gesetze annimmt oder nicht); die Bemerkungen über den Begriff der Entwicklung werden schließlich von Betrachtungen über den „Wert oder

Nutzen der geschichtlichen Betrachtung" überwuchert, als wenn rein wissenschaftliche Auseinandersetzungen irgend etwas mit diesem „Nutzen" zu thun hätten; und in dem letzten Abschnitt über die Kausalität nimmt Herr v. Below sich gar nicht die Mühe, auf die Sache einzugehen, indem er gleich anfangs das große Wort ausspricht: „Wir brauchen uns als Historiker mit der Frage der Geltung des Kausalitätsgesetzes nicht aufzuhalten."

Natürlich ist diese dreimalige Entgleisung nicht zufällig. Wie sie allein schon genügt, die gesamten Darlegungen des Herrn v. Below so unklar zu machen, wie sie sind, so führt sie auf den tiefsten und größten Fehler des Herrn v. Below als Methodologen hin.

Herr v. Below hat sich niemals deutlich gemacht, was mit einer historischen Methodologie denn eigentlich bezweckt wird. Wir müssen deshalb hier auf diese Frage genauer eingehen. Da ist denn zunächst klar, daß eine Methodologie die Wege wissenschaftlichen Denkens weisen soll: das liegt schon im Worte. Sie soll also eine Führerin sein des wissenschaftlichen Denkens in bisher unbekannte Gebiete; sie spricht de lege ferenda. Gewiß hat sie dabei auch mit den schon bestehenden Methoden zu thun; sie soll diese kritisch kodifizieren. Allein diese Leistung ist untergeordneter Natur schon deshalb, weil es sich dabei um Rubrizierung vornehmlich nur solcher Erscheinungen handelt, die Gegenstand früherer Methodologieen gewesen sind, soweit diese der Wissenschaft richtige Wege gewiesen haben. Und diese Leistung hängt zudem von den Grundsätzen der neuen Methodologie ab, die in die Zukunft weisen: denn eine solche Methodologie wird nur diejenigen unter den bestehenden Methoden anerkennen und dementsprechend in ihr System hineinkodifizieren, die sich nach ihren leitenden Grundsätzen als richtig erweisen. Diese leitenden Grundsätze aber sind dem jeweiligen Wissen über den Charakter unseres Denkens überhaupt, also der geltenden Erkenntnistheorie zu entnehmen: denn wissenschaftliches Denken ist nur eine besondere Art des Denkens überhaupt.

Herr v. Below hat nicht einmal eine Ahnung von diesen so einfachen Zusammenhängen. Nirgends klingt bei ihm der

Gedanke mit einiger Sicherheit oder gar unter Entwicklung weiterer Konsequenzen an, daß die Methodologie jeder Wissenschaft zur Voraussetzung habe, daß man sich über die gröbsten Umrisse wenigstens der allgemeinen Erkenntnistheorie desjenigen Zeitalters klar geworden sei, dem diese Methodologie angehört oder, wenn sie erst geschaffen wird, angehören soll: und daß diese Umrisse grundsätzlich maßgebend sind für den Charakter der speciellen wissenschaftlichen Methodologieen. Harmlos kodifiziert er ohne Kritik das, was heute in den konservativen Kreisen der älteren historischen Schulen als maßgebend gelten mag, ohne es ausgesprochenermaßen auch nur an den einfachsten erkenntnistheoretischen Thatsachen zu messen: es ist ihm schlechthin der Weisheit letzter Schluß, ist ihm wie noch manchem anderen Dogma.

Allerdings: ganz kann er sich der ihm freilich unbewußt bleibenden Wirkung der eben besprochenen Zusammenhänge dennoch nicht entziehen; und indem er in diese leise eintritt, verliert er sich in ergötzliche logische Eiertänze. Bezeichnend sind hier sogleich die ersten von mir oben citierten Sätze. „Wir sind gegen die Annahme historischer Gesetze aus dem einfachen Grunde, weil sie nicht nachweisbar sind . . . Dabei nehmen wir den denkbar unbefangensten Standpunkt ein: wir machen immer wieder den Versuch, ob sich nicht vielleicht ein Gesetz aufspüren lasse. Aber es ist eben bisher noch nie gelungen." Also Hauptsatz: Historische Gesetze dürfen nicht angenommen werden, weil sie nicht nachweisbar sind, und — nachweisbar sind sie nicht, weil sie nicht nachgewiesen worden sind[1]. Das heißt: der momentane objektive Thatbestand verbietet nach Herrn

---

[1] Daß diese Interpretation die richtige ist, beweist der im obigen Citat in der Lücke (. . . .) von mir weggelassene Satz: „Wir halten es mit Harnack (Christentum und Geschichte S. 7): ‚Nur in der Verblendung kann man behaupten, daß, weil alle Geschichte Entwicklungsgeschichte ist, sie als Prozeß naturhaften Geschehens dargestellt werden müsse und könne [was übrigens, so viel mir bekannt, noch niemand behauptet hat]. Die Versuche, die in dieser Richtung gemacht worden sind und noch gemacht werden, tragen bisher ihre Widerlegung in sich selber.'"

v. Below (mag er übrigens von ihm richtig angegeben worden sein oder nicht) die Annahme von historischen Gesetzen, präsumiert also auch der Zukunft: diese kann und darf keine Gesetze finden. Aber doch: „wir machen immer wieder den Versuch, ob sich nicht vielleicht ein Gesetz auffpüren lasse." Ja, warum denn solche Versuche bei einem so beruhigten Standpunkt, der von der Höhe des Jahrhunderts und unübertreffbarer, abgeschlossener Erfahrungen aus die Annahme von historischen Gesetzen verbietet? Warum? — Weil sich schließlich dennoch der erkenntnistheoretische Drang meldet, das leise Bewußtsein, daß Gesetze nichts Objektives sind, sondern Kategorien unserer Auffassung, und daß sich der Begriff des „Gesetzes" auch gegenüber den Geisteswissenschaften bei aller Verwerfung angeblich gefundener Gesetze subjektiv nicht wegbekretieren läßt[1].

Derselbe Eiertanz, den Herr v. Below hier aufführt, wird von ihm immer und immer wieder wiederholt; es genügt aber, ihn an einem Beispiele festgestellt zu haben. Er will im Grunde nur als unverbrüchlich und für ewig geltend kodifizieren, was heute in gewissen Kreisen als höhere historische Methode gilt — und darin, daß ihm das teilweise gelungen ist, liegt (wenn er auch damit offene Thüren einrennt) der historische Wert seiner Ausführungen —: aber er sieht sich dabei ständig in Konflikt geraten mit den einfachsten Thatsachen der heutigen Kenntnis unseres Denkens. Statt nun aber daraus den Schluß zu ziehen, daß seine Aufstellungen eine frühere Stufe historischer Methode repräsentieren, und hieraus wieder den energischen Antrieb zur Entwicklung einer historischen Methode auf Grund der heutigen Erkenntnistheorie zu entnehmen — zieht er sich auf seinen ultrakonservativen Standpunkt zurück und glaubt ihn zu behaupten, indem er ihn dogmatisiert. Daß er trotzdem immer wieder den Mahnungen einfachster erkenntnistheoretischer Einsicht halbes Ohr leiht, ehrt ihn, muß aber andrerseits bei seinem Festhalten

---

[1] Darüber, daß der von Herrn v. Below angewandte Begriff des „Gesetzes" an sich Unsinn ist, wird weiter unten zu reden sein.

an mit dieser Einsicht unverträglichen Dogmen zu jener heil=
losen Unklarheit führen, die in der That seine Darlegungen
Satz für Satz und Wort für Wort kennzeichnet.

Bei dieser Lage der Dinge ist eine Kritik der einzelnen Auf=
stellungen des Herrn v. Below nur möglich nach einer kurzen
Vereinbarung über einige allgemeine Grundlagen des wissen=
schaftlichen Denkens überhaupt. Doch läßt sich dabei immerhin
noch an eine sonderbare Ansicht des Herrn v. Below anknüpfen.

Unser Gegner wird nicht müde, immer und immer wieder
zu behaupten, zwischen dem Denken auf geisteswissenschaftlichem
und dem Denken auf naturwissenschaftlichem Gebiete gähne eine
auch im tiefsten Abgrund niemals sich schließende Kluft; wie
er es einmal (S. 245) ausdrückt: „Die naturwissenschaftliche
und die geschichtliche Anschauung bringen (soweit es der Wissen=
schaft überhaupt möglich ist) vereint eine Gesamterkenntnis des
Weltganzen hervor; an sich stehen sie in unvereinbarem, in
feindlichem Gegensatz zu einander." Und er läßt nicht ab, auf
Grund dieser Anschauung dem Historiker und dem Naturforscher
immer wieder verschiedene „Brillen" aufzunötigen, durch die sie
die Rätsel dieser Welt betrachten.

Es ist schade, daß Herr v. Below diese Gedankenreihe
immer wieder bei dem Bild von der Brille abbrechen läßt. Es
wäre so hübsch gewesen, wenn er uns den Unterschied zwischen
naturwissenschaftlichem und geisteswissenschaftlichem Denken ein=
mal so recht genau, nicht bildlich, sondern begrifflich, aus=
einandergesetzt — und damit gewißlich gezeigt hätte, daß beide
toto coelo voneinander verschieden sind. Denn Leute, die wirk=
lich über den Unterschied nachgedacht haben, sind bedauerlicher=
weise anderer Ansicht als er. Sie meinen, daß es vermutlich
schwer sein möchte, mit einem Doppelgespann feindlicher An=
schauungen dem hehren Ziel einer Gesamterkenntnis des Welt=
ganzen zuzustreben, und daß am Ende, da doch geisteswissen=
schaftliche Methode und naturwissenschaftliche Methode von
Menschen mit menschlichem Denken entwickelt worden sind und
betrieben werden, das menschliche Denken als Ganzes die Brücke
zwischen beiden „feindlichen" Methoden bilden müsse. Und sie

meinen ferner, daß sich das auch in ziemlich trivialen Betrachtungen nachweisen lasse. Herr v. Below darf es da denn schon nicht übel deuten, wenn ich ihm diese Betrachtungen hier vorführe. Wir müssen da zunächst feststellen, daß Denken Urteilen heißt, und dann zunächst zusehen, was Urteilen ist. Urteile ich: dieser Gegenstand ist ein Stock, oder: dies Gefühl ist das der Ratlosigkeit, so will ich damit sagen, daß unter allen Gegenständen der äußeren Welt der Erscheinungen und unter allen Vorgängen des seelischen Lebens gewisse Gegenstände den typischen Charakter des Stockes und gewisse Vorgänge den typischen Charakter der Ratlosigkeit haben, und daß dieser Gegenstand und dieser Vorgang dem Kreise solcher Gegenstände und Vorgänge angehöre. Diese Urteile beruhen also auf Vergleichung. Urteilen heißt, gleichmäßig sowohl an physischen, wie an psychischen Objekten Gleichartigkeiten aufsuchen und diejenigen Objekte, welche Gleichartigkeiten aufweisen, dem Begriffe dieser Gleichartigkeiten unterstellen. Das Urteilen geht also mittelst des Vergleichs aufs Typische und unterwirft die Objekte unserer Wahrnehmung, gleichviel welchen Charakters diese sei, Begriffen.

Warum wir in unserem Verhältnis zu der uns umgebenden physischen und psychischen Welt so verfahren, wer weiß es? Aber eins ist sicher. Mag man nun den Prozeß des Urteilens als Mittel der Weltbeherrschung oder der Ökonomisierung des Denkens oder sonstwie zu erklären suchen: er nimmt im Laufe jeder ungestört verlaufenden menschlichen Entwicklung zu. Immer größere Teile der Welt unserer Umgebung werden dem Urteil unterworfen, sei es, daß dieses intensiver in die Dinge und Vorgänge eindringt, sei es, daß ihm eine erweiterte Erfahrung extensiven Zuwachs bringt. Und der Augenblick kommt in jeder solchen menschlichen Entwicklung, da der einzelne auch nicht entfernt mehr in der Lage ist, die Summe der in einfachen Urteilen niedergelegten Erfahrung zu beherrschen: da es daher der Destillation höherer Erfahrungen aus den Erfahrungen niederen Grades bedarf, und da diese Destillation auf dem Wege immer raffinierterer Urteilsbildung Sache des

Berufes einzelner, für dieses Geschäft besonders geeigneter Personen wird. Es ist der Vorgang, in dem sich langsam und durch Jahrhunderte hindurch die Wissenschaften zu bilden begonnen haben und wissenschaftliche Berufe erwachsen sind. Denn die Wissenschaften sind eben nichts als Systeme von Urteilen.

Danach dürfte klar sein, daß alle wissenschaftliche Methodologie abhängt vom Charakter und ausgehen muß vom Verständnis des Urteils. Sie kann nur die Wege angeben wollen, vermöge besonders geschickt durchgeführter Vergleichungen die Summe der Urteile zu erhöhen und damit den Bereich des Vergleichbaren zu erweitern. Sie geht mithin niemals auf das Individuelle, Singuläre, sondern immer auf das Kollektive, Gemeinsame. Und dies gilt ganz ebenmäßig für die urteilende Beschäftigung mit der natürlichen sowohl, wie mit der geistigen Welt.

Das ist der Fundamentalsatz, der von der älteren historischen Anschauung grundsätzlich verkannt und geleugnet wird. Bei allen praktischen Zugeständnissen, die sie an sein Dasein und seine Berechtigung im Laufe der Zeit zu machen gezwungen gewesen ist und täglich noch weiter zu machen gezwungen wird, hält sie dennoch prinzipiell daran fest, daß das Individuelle, Singuläre im Grunde und „eigentlich" Gegenstand der geschichtlichen Wissenschaft sei.

Da ist es denn selbstverständlich, daß sie durch diese Stellungnahme in die größten Schwierigkeiten verwickelt wird. Denn bei allem Bestreben, das Individuelle wissenschaftlich zu erfassen, muß sie doch, wenn sie ehrlich ist, immer und immer wieder die Erfahrung machen, daß das einfach unmöglich ist. Auch Herr v. Below sieht das im Grunde ein. „Individuum est ineffabile", „die Persönlichkeit ist in der That ein Rätsel", ruft er pathetisch aus. Ja, glaubt er denn an eine Wissenschaft des „Unaussprechlichen", des „Rätsels"??

Es muß aufs entschiedenste betont und, wenn nötig, immer wiederholt werden, bis über diesen Fundamentalsatz auch nicht der geringste Zweifel mehr besteht: das Individuelle ist für unsere heutige Auffassung und vermutlich für immer irrational und darum nicht Gegenstand wissenschaftlicher, sondern nur künstlerischer Erfassung. Und dies gilt ganz gleichmäßig für das physische, wie das psychische Individuelle. Es ist ebenso unmöglich, diesen Baum, diesen Stier, diesen Stein wissenschaftlich erschöpfend zu behandeln, wie diesen Künstler, diesen Helden, diesen Staatsmann.

Man gestatte hierzu, da wir einmal gezwungen sind, uns auf ganz elementarem Boden zu bewegen, noch einige Ausführungen. Wie charakterisiere ich das Individuelle? Ich bringe an diesen Baum, diesen Staatsmann meine Erfahrung, d. h. die Summe meiner Urteile, heran und suche festzustellen, welche dieser Urteile auf ihn passen. D. h. ich suche ihn nach Kräften zu rationalisieren. Aber gelingt dieses Verfahren völlig? Mit nichten! „Individuum est ineffabile." Es bleibt ein Rest: und gerade dieser Rest ist das für dieses Individuum Charakteristische. Dieser Rest läßt sich nur ahnen, mit der Phantasie erfassen, ist also Gegenstand der künstlerischen Bewältigung (künstlerischer Apperception: Hinze).

Danach ist klar: ich wende zur Charakteristik des Singulären und Individuellen wohl wissenschaftliche Mittel an, um sie mir zu erleichtern. Aber das erstrebte Ziel erreiche ich damit keineswegs. Die Urteile, die wissenschaftlichen Mittel sind nur Hilfsmittel, und sie werden zu dem verfolgten Zwecke aus einem ganz andern Gebiete herübergeborgt, nämlich aus dem der Entwicklung des Vergleichbaren, und das heißt aus der Wissenschaft. Hieraus erklärt es sich, daß mit steigender Wissenschaft auch die geistige Bewältigung des Individuellen immer mehr zunimmt: die Wissenschaft stellt eben immer mehr Hilfsmittel zur Einengung des Ineffabile zur Verfügung. Aber dieses, das Charakteristische für das Individuum, bleibt bestehen. So ist es z. B. klar, daß die Schilderung eines Baumindividuums heute, unter der Anwendung aller Hilfsmittel der modernen Botanik und Biologie sowie der jetzt bekannten physikalischen und chemischen Voraussetzungen viel entschiedener und treffender ausfallen kann als, vor einigen Jahrhunderten:

welch umfassender Gebrauch ist von diesen Hilfsmitteln z. B. schon in A. v. Humboldts Ansichten der Natur gemacht worden, vergleicht man sie etwa mit Masius' Naturstudien! Und gewiß lassen sich ähnliche Betrachtungen für die Entwicklung der Bewältigung des psychisch und speciell geschichtlich Individuellen anstellen. Aber, um es zu wiederholen: es handelt sich da um Hilfsmanipulationen, die keineswegs das Individuelle entschleiern: nach wie vor bleibt dieses grundsätzlich und im Kerne irrational, ein „Rätsel", und darum nur der nachschaffenden Phantasie und dann am liebsten nicht in Form einer bestriptiven Charakteristik, sondern in Form der Nachbildung seines wogenden Lebens reproduzierbar.

Ich verkenne bei alledem nicht, daß der Versuch, Individuelles durch rationale Urteile einzuengen, zur Erweiterung grundsätzlich wissenschaftlicher, b. h. typischer Vorstellungen beitragen kann, insofern solche Vorstellungen etwa erst aus Anlaß des Versuches gewonnen werden, dieses eine Individuelle, diesen konkreten Fall zu bewältigen. Insofern kann auch ein dem Individuellen zugewandtes Bemühen wahrhaft wissenschaftlich fruchtbar werden: und wer wüßte nicht, wie häufig dieser Fall eingetreten ist? Allein auch hier bleibt bestehen, daß die vergleichende Methode schließlich nur auf einem Umwege angewandt worden ist, und gewöhnlich werden die Ergebnisse, weil ausgesprochenermaßen zunächst nur auf einen Einzelfall bezogen, unvollständig sein und der wirklichen wissenschaftlichen Beschäftigung mehr Anregung als Ergebnisse bringen.

Es ist also nichts mit der wissenschaftlichen Bewältigung des Individuellen; nur von einem Versuch, das Individuelle mit den Hilfsmitteln der Wissenschaft zu umgrenzen, darf man reden; die Wissenschaft an sich geht auf das Allgemeine, das Typische[1].

---

[1] Selbstverständlich bin ich bei diesen Ausführungen weit davon entfernt, nun die Darstellung des Individuellen in der Geschichte ganz verwerfen zu wollen; im Gegenteil: ich wünsche ihr alle Erfolge. Nur das muß aufs allerentschiedenste betont werden, daß eine solche Darstellung künstlerischen und nicht wissenschaftlichen Charakter hat; und das muß

Nun weiß ich wohl, daß dieser Satz ganz allgemein für die Naturwissenschaften zugegeben wird; für die Geisteswissenschaften dagegen lehnt ihn die ältere Anschauung ab und bezeichnet deshalb diejenigen, die ihn auf diesem Gebiete angewandt wissen wollen, als Leute, welche den Geisteswissenschaften die naturwissenschaftliche Methode aufdrängen möchten, während diese doch ihre eigene Methode hätten. Das ist durchaus auch der Standpunkt des Herrn v. Below. Ich bin nicht pedantisch genug, um nachzuzählen, wie oft er den Lesern seines Aufsatzes immer und immer wieder die große Neuigkeit ins Ohr klingen läßt, ich sei ein Renegat und auf geisteswissenschaftlichem Gebiete ein Vertreter der verhaßten „naturwissenschaftlichen Methode"; Dutzende von Malen mag es geschehen, und gewiß ist, daß dieses Geklingel mit der ihm wie einer Litanei unvermeidlich folgenden Narkose auch kluge Köpfe dazu gebracht hat, der angeblich „naturwissenschaftlichen" Methode gegenüber in das Apage einzustimmen[1]. Soweit freilich, mich freundlichst einzuladen, nun doch auch die Konsequenz dahin zu ziehen, vielmehr Naturforscher zu werden, ist nur Herr v. Below gegangen. Nachdem mir indes von gegnerischer Seite her schon früher der Zuspruch geworden war, doch lieber Redakteur zu werden, hat mich selbst dieser Rat nicht mehr erschüttern können.

Wir haben jetzt schon genugsam gesehen, daß es nichts ist mit der specifisch „naturwissenschaftlichen" Methode: die allereinfachsten Erwägungen über die Natur unseres Denkens zeigen, daß alle wissenschaftliche Beschäftigung überhaupt nur auf die Feststellung des

---

hinzugefügt werden, daß sie wissenschaftlich wertlos erscheint, wenn sie sich nicht durchaus auf den Grund der wissenschaftlich erforschten, d. h. durch Vergleichung gewonnenen Thatsachen der geschichtlichen Entwicklung aufbaut. Aus dem Gesagten läßt sich im übrigen leicht ableiten, inwiefern die Geschichte eine Wissenschaft ist, und inwiefern sie auf Kunst hinausläuft.

[1] Vgl. z. B. die redaktionelle Bemerkung in den „Grenzboten" 57 (1898) S. 614.

Gemeinsamen hinauslaufen kann. Diesem funda=
mentalen Satze gegenüber sind alle Verschieden=
heiten, welche sich für dieses Denken aus dem Ob=
jekt ergeben können, worauf dieses gerichtet ist,
nur sekundär und ordnen sich ihm unter. Der=
artige untergeordnete Verschiedenheiten bestehen
denn allerdings zwischen dem naturwissenschaft=
lichen und dem geisteswissenschaftlichen Denken.
Ich habe freilich nicht die Absicht, diese Verschiedenheiten
hier in einer Weise zu erörtern, welche die Ökonomie meines
Aufsatzes sprengen würde. Wohl aber halte ich es für not=
wendig, wenigstens das Grundsätzliche der Verschiedenheit zu
zeigen. Es besteht im folgenden. Der Naturforscher hat das
Objekt seiner Forschung unmittelbar vor sich: ich sehe diesen
fallenden Stein, ich nehme sinnlich diese Wärme wahr u. s. w.
Der Forscher auf dem Gebiete der Geisteswissenschaften dagegen
genießt nicht des Vorteils dieser unmittelbaren Beziehung zum
Objekt: denn das seelische Leben, der Gegenstand seines For=
schens, ist ihm erkennbar nur in den Symbolen: Denkmälern,
Vorgängen, Thaten, in denen es sich äußert. Aus dieser ver=
schiedenartigen Haltung zum Objekt der Forschung ergeben sich
denn auch differente Methoden der geistigen Beherrschung dieses
Objekts: Methoden, deren Unterschiede im allgemeinen wohl
bekannt sind, und auf die ich daher hier nicht näher einzugehen
brauche. Aber diese Unterschiede liegen, um es noch einmal
zu sagen, unterhalb des allgemeinen erkenntnistheoretischen
Satzes, daß die wissenschaftliche Forschung der Erkenntnis des
Allgemeinen zugewandt ist, eines Satzes, der für die Geistes=
wissenschaften ganz genau ebenso gilt wie für die Naturwissen=
schaften.

Wenn aber die Geisteswissenschaften, und also auch die
Geschichtswissenschaft, der Erkenntnis des Allgemeinen, Typischen
dienen sollen: muß man dann nicht von ihnen verlangen, daß sie
zu „Gesetzen" führen? Herr v. Below wird es glauben müssen,
denn er kennt im Grunde nur eine Form des Typischen, näm=
lich die, welche er Gesetz nennt. Freilich, was er darunter so

ganz eigentlich versteht, das wird er ebensowenig zu sagen wissen als ich. Im ganzen entnimmt man seinen Sätzen den Eindruck, daß er bei dem Wort an die Aussprache bisher ausnahmslos gemachter Erfahrungen denkt, also an Gesetze etwa im naturwissenschaftlichen Sinne (deren Gültigkeit den Vertretern der Geisteswissenschaften, beiläufig bemerkt, meist als viel zu stringent, und namentlich viel zu sehr als stringent bewiesen erscheint). Wie dem aber auch sei: er geht von dem Grundsatze aus, daß es sich nur um den Gegensatz von Gesetz und Nichtgesetz handle, und erklärt daher im Beginne seiner hierher gehörigen Ausführungen kurz: „Wir sind gegen die Annahme historischer Gesetze aus dem einfachen Grunde, weil sie nicht nachweisbar sind." Aber hinterher kommen ihm doch Bedenken, freilich ohne daß man auch nur die geringste Spur von Energie entdecken kann, sie zu klären. Sie kommen ihm unbewußt: denn die Macht der Thatsachen drängt an gegen sein System. Er sieht sich gezwungen, die „Tendenz zu einer regulären Entwicklung" zuzugeben. Er findet, daß in der Geschichte „hier und da etwas Gesetzmäßiges bemerkbar ist". Wie schön wäre es gewesen, hätte nun Herr v. Below den Versuch gemacht, das Verhältnis des „Gesetzmäßigen" und „Regulären" zu seinem schrofferen Begriff des „Gesetzes" klar zu legen, statt mitten zwischen die Entdeckung des „Regulären" und des „Gesetzmäßigen" immer wieder den schrofferen Begriff einzudrängen und dadurch einen heillosen Zirkel von Unklarheiten zu eröffnen! Er wäre dann schließlich doch wohl auf diesem Umwege zu der Erkenntnis gelangt, daß von dem schlechthin Individuellen eine unendliche kontinuierliche Stufenfolge hinaufführt zu dem erfahrungsmäßig ausnahmslos Generellen: — und daß die Wahrnehmung dieser Stufenfolge durch uns zusammenhänge mit der Eigenart unseres Denkens, überall so weit als möglich das Gleichartige hervorzuheben und systematisch zusammenzufassen: zusammenhänge also mit unserem wissenschaftlichen Denken! Er hätte dann, zwar nach wunderlichem Abschweifen, aber wahrscheinlich doch noch rechtzeitig, sich der einfachen erkenntnistheoretischen Thatsachen versichert, von denen wir ausgegangen sind. Und er würde hier, wie an allen anderen Stellen gesehen haben, daß er um sie nicht herum könne und darum seine Methodologie umbauen müsse in dem von mir geforderten Sinn.

Denn das ist klar: besteht die erkenntnistheoretische Forderung, daß das wissenschaftliche Denken auf das Allgemeine gerichtet sein müsse, und gestattet es der Charakter der seelischen Welt nicht (ebensowenig wie der der natürlichen!), überall strikt Allgemeines aufzufinden, sondern statt dessen nur Regelmäßigkeiten in einer kontinuierlichen Abstufung vom Allgemeinen bis zu dem für uns schlechthin Singulären, so muß es eine kontinuierliche Reihenfolge von Begriffen geben, die von dem Begriffe des Gesetzes abwärts führt bis zum Begriffe des für uns Willkürlichen. Und mit dieser Reihenfolge hat die Methodologie aller Wissenschaften zu arbeiten, statt bloß mit dem kurzsichtiger Abstraktion und voller Abgewandtheit vom lebendigen Objekt verdankten knöchernen Begriff eines starren Gesetzes.

Das sind nun Gedanken, von denen aus wir uns leicht dem Begriff der Kausalität nähern können. Für Herrn v. Below sind die schwierigen Fragen auf diesem Gebiete freilich kinderleicht beantwortet. Wir kümmern uns einfach um die Kausalität nicht. „Mag man noch so eifrig die unbedingte Geltung des Kausalitätsgesetzes als notwendiges Postulat bezeichnen, der Historiker vermag damit nichts anzufangen." Wem soll wohl diese Vogelstraußpolitik imponieren? Ich glaube nicht einmal den hoffnungslos Denkfaulen! Herr v. Below hat hier offenbar die Vorstellung, das Kausalitätsgesetz sei ein objektives Gesetz, eines derjenigen, die zwar „droben hangen unveräußerlich", von denen man sich aber hier unten, in der Welt der historischen Thatsachen, dispensieren könne[1]. Er weiß damit

---

[1] Allerdings giebt Herr v. Below einmal einer anderen, der richtigen Auffassung Raum, aber in einem Citat, das im übrigen mit seinen Darlegungen in schroffem Widerspruch steht, und aus dem er keinerlei Konsequenzen zieht. Er führt S. 246 folgendes an: „Es ist — sagt Stammler (S. 360 ff.) — ein naiver Gedanke, daß die Gegenstände in dieser Natur von absoluten Ursachen — ich weiß nicht, was für Dingen? — getrieben

„nichts anzufangen"! Er hat keine Ahnung davon, daß es sich um eine Kategorie unsres Denkens handelt, die wir nicht bewürden; als ob eine Kausalität in allem ganz von selbst — man weiß nicht wie? — Wirkungen ausübte und in ihrem unabhängigen Dahinrollen die Objekte anstieße... Kausalität ist weiter gar nichts als eine allgemein gültige formale Art und Weise, in welcher wir Erscheinungen, die uns in der Anschauung gegeben werden, zu einheitlicher Auffassung ordnen... Kausalität ist ein Denkelement... Die Meinung von einer absoluten und an sich rollenden Kausalität ist ebenso unklar wie absurd. Das Kausalitätsgesetz ist nicht ein allmächtiges, irgendwie für sich bestehendes Ding oder Unding, ... das als unumschränkter Selbstherrscher alle zukünftigen Möglichkeiten schon jetzt regierte." Hätte doch Herr v. Below diese Worte beherzigt: ein Durchdenken derselben, nicht bloß ein Abschreiben, würde ihn veranlaßt haben, sein ganzes System von Grund aus zu ändern. Statt dessen fährt er nach dem Stammlerschen Citat fort: „Diejenigen, welche die unbedingte Geltung des Kausalitätsgesetzes behaupten, stützen sich (falls sie sich auf etwas stützen) auf die Beobachtungen, die die Psychologie hinsichtlich der Sinneswahrnehmungen gemacht hat oder gemacht zu haben glaubt." Nicht also der objektive oder subjektive Charakter des Kausalitätsgesetzes, von dem Stammler redet, ist ihm schon in diesem Satze wieder der Angelpunkt der Frage, sondern die bedingte oder unbedingte Geltung. Und er entscheidet sich hier für die nur bedingte Geltung, obwohl Stammler in dem von ihm als Zeugnis für seine Meinung beigebrachten Citat so ausdrücklich wie nur möglich (in den von mir gesperrten Worten) für die unbedingte Geltung (Allgemeingültigkeit) des subjektiv gefaßten Kausalgesetzes eingetreten ist!! Sollte man solche Unklarheiten in den allerwichtigsten Punkten bei jemand, der über Methode zu schreiben wagt, für möglich halten?! Aber Herr v. Below hat mit dieser Konfusion nach dem Stammlerschen Citat noch nicht genug. Er begeht denselben Fehler in noch schreienderem Widerspruch vor diesem Citat. Hier sagt er von mir: „Lamprecht gehört zu denen, welche die Nachweisbarkeit historischer Gesetze behaupten [wie es damit steht, haben wir oben gesehen], ... weil sie an die unbedingte Gültigkeit des Kausalgesetzes glauben." Und er fügt dem hinzu: „Nun wird jedoch dieser Glaube stark angefochten", und bringt zum Beweise dieses Satzes — man rate, was? —: das Stammlersche Citat von der Kausalität als ‚einer allgemein gültigen formalen Art und Weise, in welcher wir Erscheinungen ... zur einheitlichen Auffassung ordnen'!! Sapienti sat! Ich gebe Herrn v. Below den mir freundlichst erteilten Rat, unter die Philosophen zu gehen, nicht zurück: da würde er schöne Dinge erleben!

liebig schwänzen können, sondern denknotwendig anwenden müssen, wenn ihr Fall gegeben ist. Er glaubt, es müsse erst der Nachweis der unbedingten Geltung dieses „Gesetzes" an den Objekten der Geschichte erbracht sein, ehe seine Erörterung für eine historische Methodologie in Frage kommen könne, und er meint, dieser Nachweis sei durch den Individualismus der menschlichen Handlungen ausgeschlossen. Nein, Herr v. Below, die Kausalität ist für uns eine innere Denknotwendigkeit, die mit der Konstruktion unserer Psyche gegeben ist; und nur das bleibt für einen Methodiker der Geschichtswissenschaft zu bedenken, inwieweit die Welt der geschichtlichen Thatsachen sich dieser Denknotwendigkeit nach Maßgabe unserer Erfahrungen glatt einfügt oder nicht. Und da wird sich denn jemand, der nicht mit Dogmen und Dekreten über die Dinge hinfährt, zu sehr sorgsamen Betrachtungen darüber veranlaßt sehen, inwiefern Beobachtungen ständigen Zusammenhanges allgemeiner Erscheinungen der kausalen Kategorie unterliegen oder nicht, inwiefern es etwa möglich ist, der empirischen kontinuierlichen Reihenfolge vom Individuellen zum Allgemeinen eine ebenfalls empirische kontinuierliche Reihenfolge von der anscheinenden Willkürhandlung bis zum anscheinend ausnahmslosen Zusammenhang von Ursache und Wirkung entgegenzusetzen, und inwiefern wiederholten Beobachtungen derselben Zusammenhänge zwar kein Kausalitätscharakter, wohl aber der Sinn, daß sie Kausalitäten einschließen, zukomme u. dergl. mehr. Indes der oberflächliche Charakter der Ausführungen des Herrn v. Below bietet keinen Anlaß, hier auf solche Fragen weiter einzugehen, und ihre Diskussion mit Herrn v. Below würde sich erst dann empfehlen, wenn dieser etwas tiefer in die methodologischen Materien eingedrungen wäre.

II.

In den bisherigen Ausführungen haben wir en passant alle wesentlichsten Fragen kritisch erledigt, an deren Behandlung Herr v. Below herangetreten ist. Man braucht, was ich ausgeführt habe, nur mit den oben zum Abdruck gebrachten dogma=

tischen Sätzen v. Belows zu vergleichen, um zu sehen, daß von seinem Bau auch nicht ein Stein auf dem andern geblieben ist. Sollen wir nun darüber hinaus noch „ins Detail" der Ausführungen des Herrn v. Below „hinabsteigen"? Ich denke, daß das, wenn nicht für besser unterrichtete Leser, so doch für Herrn v. Below nützlich und lehrreich sein wird.

Nehmen wir also seine „Anschauung von den Aufgaben und Zwecken der Geschichtswissenschaft" noch ein bißchen genauer vor!

Der erste Abschnitt handelt von dem, was er „historisches Gesetz" nennt. Wir haben soeben gesehen, daß der Begriff in dieser Isolierung und Starrheit unhaltbar ist, und schon in dem dritten der oben S. 2 abgedruckten Sätze sehen wir dementsprechend Herrn v. Below das Zugeständnis der „Tendenz zu einer regulären Entwicklung" machen. Freilich: das Prädikat „natürlich" lehnt er für diese Tendenz ab. Warum? Ich glaube, allein aus dem Grunde, weil es ihn an Naturwissenschaft erinnert. Oder aus welchem sonst? Es wäre recht hübsch, hätte Herr v. Below die Güte, uns darüber aufzuklären. Für andere Leute wird wenigstens aus dem soeben vermuteten Grunde nicht der geringste Anlaß bestehen, das Prädikat beizubehalten: denn es soll doch nur ausdrücken, daß diese Tendenz nichts Auffallendes habe, daß auch im geistigen Leben Regelmäßigkeiten „natürlich" seien.

Die folgenden Sätze v. Belows treten nur breit, was in den früheren gesagt worden ist, ohne darum den Inhalt des Gesagten stark zu machen. Wird dieser Anlaß zu einer Invektive gegen meine Person benutzt und der Anspruch eines für diese Person wohlmeinenden Rates erhoben, so weiß jeder Historiker innerhalb und außerhalb der deutschen Grenzen so sehr, was er hiervon in einem Aufsatze des Herrn v. Below zu halten hat, daß ich eines Eingehens auf diese Sätze überhoben bin.

Aber Herr v. Below nimmt nach dem pathetischen Passus, den ich oben S. 3 bis 4 nachzulesen bitte, Anlaß, von dem fatalen Thema der historischen Gesetze auf ein bequemeres überzugleiten, auf die These nämlich, daß der eigentliche Beruf des Historikers darin liege, „ins Detail hinabzusteigen". Und er bedient sich zur Variation dieses Themas der Eideshilfe Eduard Meyers und Windelbands; Meyer verdankt er die Citate „ins Detail hinabsteigen" und „sich vorwiegend und in erster Linie mit den Varietäten beschäftigen", Windelband den schon oben citierten Satz von den „trivialen Allgemeinheiten", die bei einer Induktion von Gesetzen des Volkslebens angeblich übrig bleiben.

Sind nun die von Herrn v. Below citierten Ansichten Meyers und Windelbands richtig? Stimmt es, daß bei Induktion historischer „Gesetze" — sagen wir dafür im Sinne des Herrn v. Below Regeln und höchst unwahrscheinlich auch wirklicher „Gesetze" — nur triviale Allgemeinheiten herauskommen? Glaubt' das Herr v. Below selbst? Genau eine Seite später (S. 240) verzeichnet er als „allgemeine Wahrheit" die Erkenntnis, die wir nach ihm Ranke verdanken, „daß das innere Leben der Staaten zum großen Teil abhängig ist von dem Verhältnis der Staaten untereinander, von den Weltverhältnissen". Lassen wir da zunächst die Frage beiseite, ob dieser Satz eine Wahrheit enthalte, machen wir auch Herrn v. Below nicht weiter für die Ungeheuerlichkeit der Annahme verantwortlich, daß keiner unserer Historiker vor Ranke sich von dieser „allgemeinen Wahrheit" etwas habe träumen lassen: hören wir allein, wie Herr v. Below die Bedeutung dieser Wahrheit auffaßt. „Dies ist," ruft er aus, „mag man sich auf den Standpunkt der Utilität stellen oder nach dem inneren Wissenswert fragen, eine wissenschaftliche Entdeckung ersten Ranges, die alle Entdeckungen der Nationalökonomen und Sociologen, von den modernen Geschichtsklittern gar nicht zu reden, hinter sich läßt." Und dennoch eine „triviale Allgemeinheit"!? Aber Herr v. Below! Wie können Sie „Ihren" Ranke so im Stich lassen!

Indes nehmen wir das Wort Windelbands selbst in dem Sinne, in dem er es vielleicht gemeint haben kann, in der Interpretation nämlich, daß von strikten Gesetzen allein die Rede sein soll, so bleibt es dennoch gänzlich falsch. Es ist das Werturteil eines Mannes, der sich an dem bunten Allerlei des historischen Lebens zu erfreuen geneigt ist; es ist eine persönliche Schätzung, nicht eine objektive Wahrheit. Um ihre ganze Subjektivität zu verstehen, denke man sich etwa, daß zu den Zeiten Galileis einer der pandynamistischen Naturforscher älterer Observanz ausgeführt hätte, welch sterile Sache es im Grunde um die Fallgesetze sei: wie viel schöner es mit den alten reichen Annahmen zur Erklärung des Falles stehe. Wollen wir darum etwa heute die Fallgesetze missen? Nein: selbst wenn die „Gesetze des Volkslebens" sich nur auf ein „paar triviale Allgemeinheiten" beschränkten, würden sie wichtiger sein, als tausend reiche historische Mannigfaltigkeiten, deren Aufhellung uns in nicht gleich hohem Grade gelingt: denn sie würden sich unter allen Umständen auf unendlich zahlreichere und darum grundlegendere Fälle beziehen als jede, wenn auch noch so reiche Summe von Einzelzusammenhängen.

Aber dem Historiker wird vorgeschrieben, „ins Detail hinabzusteigen". Gewiß soll er das in erster Linie: denn im Detail vollzieht sich das uns zunächst greifbare geschichtliche Leben. Aber, und hier weiche ich von Herrn v. Below ab und werde selbst durch seine Citation der mächtigen autoritativen Kraft Ed. Meyers nicht abgehalten zu behaupten: das Detail soll nur erkannt werden, um aus ihm schließlich als fundamental das Allgemeine abzuleiten, denn das Allgemeine ist erkenntnistheoretisch das Wissenschaftliche. Das will freilich Herr v. Below nicht Wort haben. Und er begründet das auch. „Jene Grundthatsache," meint er, „die Verflechtung von Freiheit und Notwendigkeit, wird grade im Detail anschaulich." Aber, aber, Herr v. Below! muß ich hier wieder ausrufen. Freiheit und Notwendigkeit führen Sie ins Feld? Ich denke, wir Historiker „brauchen uns mit der Frage der Geltung des Kausalitätsgesetzes nicht aufzuhalten"? Für uns als Historiker steht es über jeden Zweifel erhaben fest, daß die Persönlichkeit keine „bloße Resultante der Wirkungen von Ursachen" ist? Wir sehen mithin in der Geschichte, die doch wohl nur von Personen gemacht wird, nur „Motive des Individuums", wenn wir diese auch nicht „ganz erklären" können? Wo bleibt denn da die Notwendigkeit? Und wo kann sie vorhanden sein, wenn man keine

„Gesetze" annimmt (allerdings dies nur bisweilen), weil sie nicht „nachweisbar" seien? Und dennoch operiert „man" mit einer „Verflechtung von Freiheit und Notwendigkeit"?! Aber, aber, aber, Herr v. Below!

Doch wir wollen, am Schluß des ersten Abschnittes angelangt, noch liebenswürdig genug sein, für einen guten Abgang unseres Gegners zu sorgen. „Wenn wir das wirkliche historische Leben sehen wollen," beklamiert Herr v. Below, „wenn das, was der Historiker über allgemeine Zusammenhänge, über die Kräfte in der Geschichte sagen zu können glaubt, von echter Lebensanschauung gesättigt sein soll, so wäre hierfür die Stimmung, welche das Detail als minderwertig ansieht, eine höchst ungeeignete Voraussetzung." Sehr schön, und ganz auch unsere Ansicht. Plaudite! —

Im übrigen aber gehen wir vorwärts, hinein in den zweiten Akt, der da handelt von Individualität und Entwicklung.

Zum Kapitel „Entwicklung" läßt sich Herr v. Below zunächst also vernehmen: „Man hat oft erklärt, daß der Begriff der Entwicklung den einer gesetzlichen Entwicklung einschließe. Die Frage ist schwierig zu erörtern." Ja, das glaube ich auch. Aber begründet es dieser Umstand, daß man mit folgendem höchst verblasenen Satze fortfährt: „Der Historiker kann jedenfalls einen Entwicklungsbegriff von zu positivem Inhalt nicht gebrauchen?" Und dieser „Satz" ist das Leitmotiv aller Erörterungen, die Herr v. Below noch folgen läßt!

Ich denke, wir fangen die Sache doch lieber etwas anders an. Nachdem wir aus sehr einfachen erkenntnistheoretischen Thatsachen sehr einfache Grundsätze einer historischen Methodologie abgeleitet haben, besteht für uns überhaupt nicht mehr das Bedürfnis, die Frage in abstracto zu erörtern, ob der „Begriff der Entwicklung den einer gesetzlichen Entwicklung einschließe". Wir halten uns an das konkrete Werden. Und da ist, um Klarheit zu schaffen, die einfachste Annahme, die einmal gemacht werden kann, die, daß menschliche Gemeinschaften sich isoliert entwickeln könnten. Für diese Annahme hat selbst Herr v. Below zugegeben, daß die „Tendenz zu einer regulären Entwicklung vorhanden ist". Es scheint also — soweit es möglich ist, sich aus dem Wirrnis seiner widerspruchsvollen Aussagen herauszufinden —, daß in diesem Falle selbst Herrn v. Below die Frage, ob Entwicklung „reguläre" Entwicklung sei, nicht zweifelhaft erscheint. Bliebe der Unterschied zwischen „regulär" und „gesetzlich". Herr v. Below hat ihn nirgends definiert: aber selbst er wird nach dem, was oben über „Gesetz" und verwandte Begriffe ausgeführt ist, anerkennen müssen, daß der Unterschied zwischen beiden Begriffen nur ein relativer sein dürfte. Für den gewöhnlichen Verstand aber wird es wohl feststehen, daß, den Fall vorausgesetzt, es seien menschliche Gemeinschaften in isolierter geschichtlicher Entwicklung begriffen, eine im Grunde und Wesentlichen identische Entwicklung derselben angenommen werden muß: denn die Art der tiefsten psychischen Verursachungen ist eben bei allen dieselbe. Allein gilt diese Annahme nun für die Wirklichkeit, liegt die Sache so in der Geschichte? Keineswegs: so weit wir sehen, bestehen stets Zusammenhänge zwischen den einzelnen menschlichen Gemeinschaften: es ist das ein Satz, den selbst Herr v. Below ganz richtig ausgeführt hat, der uralt ist, und der im Grunde noch über Rankes „wissenschaftliche Entdeckung allerersten Ranges" hinausgeht, daß „das innere Leben der Staaten zum großen Teil abhängig ist von dem Verhältnis der Staaten untereinander, von den Weltverhältnissen". Das Bild der Entwicklung menschlicher Gemeinschaften ist also nicht so einfach, wie von uns zunächst angenommen wurde: der feste Gang der innersten Entwicklung wird stets beeinflußt durch den Entwicklungsgang anderer Gemeinschaften.

Unter diesen Umständen liegt es auf der Hand, daß, um die innere, eigenste Entwicklung von fremden Einwirkungen zu scheiden, es darauf ankommt, sich klar zu machen, unter welchen Umständen solche Einwirkungen von außen her aufgenommen werden. Und man kann sich diese Umstände ganz genau klar machen, indem man eine Lehre von den weltgeschichtlichen Rezeptionen, Renaissancen und Diosmosen aufstellt. Ich habe diese Fragen seit mehr als zwei Jahrzehnten immer wieder durchgedacht; ich habe eine Anzahl dabei gefundener Beobachtungen mitgeteilt; meine Deutsche Geschichte beruht in der Schilderung der verschiedenen deutschen Renaissancen und Rezeptionen ganz auf dem bei dieser Gelegenheit entwickelten allgemeinen Ideenvorrat. Und Herrn v. Below hätten diese Dinge eigentlich als Ausführungen zu der „wissenschaftlichen Entdeckung ersten Ranges" auch ganz besonders interessieren müssen: er hätte also auf meine hierher gehörigen Ausführungen in seiner Kritik eindringlich zu sprechen kommen müssen. Aber nein! Er setzt sich über all das, was soeben nur andeutungsweise besprochen werden konnte, mit folgendem Kavalierlatein hinweg (S. 256 Anm. 1): „Lamprecht leugnet übrigens nicht, daß Berührungen der Völker stattfinden [wie gütig!] (er spricht von Renaissancen, Rezeptionen und ‚Diosmosen'). Allein es verhält sich hiermit wie mit seiner Wertschätzung der Persönlichkeit. Beide Dinge taxiert er so gering, daß sie praktisch bei ihm so gut wie gar nicht in Betracht kommen." Das ist natürlich, wie man schon aus den oben gegebenen Betrachtungen schließen, im übrigen aber aus meinem Buche klar ersehen kann, vollkommen falsch.

Aber im Grunde hat ja Herr v. Below mit seiner Ansicht vom Fragespiel „gesetzmäßige" und nicht „gesetzmäßige Entwicklung" von seinem Standpunkte aus ganz recht. Wer gegen die Annahme historischer Gesetze ist, weil es bisher noch nicht gelungen ist, eins aufzuspüren; wer sich mit der Frage nach der Geltung des Kausalitätsgesetzes „nicht weiter aufhält": ist es für den nicht selbstverständlich, daß er gegenüber dem Begriff der gesetzlichen Entwicklung hingeht und desgleichen thut?! Ja ja: „die Frage ist schwierig zu erörtern".

Aber Herr v. Below fühlt sich doch gedrungen, unter der Rubrik „Entwicklung" etwas zu sagen: wer könnte sie auch heute in historischen Erörterungen einfach mit vakat „ausfüllen"!

Und er sagt nach einem kleinen Proömium zum ersten, daß der Historie die Rolle zufalle, auf die Relativität aller der Behauptungen hinzuweisen, die die systematischen Wissenschaften hinstellen. Sehr richtig! Aber wer hat das je bezweifelt? Wenn aber Herr v. Below daraus folgert, daß die Geschichte damit zugleich auch erkennen lehre, „daß es unzulässig ist, für die menschliche Entwicklung feste Naturgesetze zu dekretieren" — so ist er damit auf dem Holzwege. Lassen wir ihm ruhig die groteske Umgestaltung historischer Entwicklungslehren zu „festen Naturgesetzen" (was ist das? U. g. A. w. g.) durchpassieren, die niemand gelehrt zu haben „beansprucht": auch in anderer Formulierung ist der Satz nicht richtig. Denn wie liegt die Sache mit den „allgemeinen Systemen" und „fertigen Begriffen" der anderen Wissenschaften, deren Relativität die Historie nachweist? Es sind Systeme, die stets aus dem Geist einer bestimmten Zeit herausgeboren sind, die das wissenschaftliche Denken eben dieser Zeit zu befriedigen versuchen. Das ist ihre von Herrn v. Below als etwas Besonderes betonte „Relativität", die, wie männiglich bewußt, die Geschichtsforschung allerdings nachweist. Glaubt nun aber Herr v. Below, daß die Geschichtswissenschaft, gleichviel welchen Kalibers, für ihre Methoden und allgemeinen Anschauungen nicht auch diese „Relativität" besitze, und daß diese sich auch eben durch die Geschichtswissenschaft nachweisen lasse? Kennt er so wenig die Geschichte seiner eigenen Wissenschaft, daß ihm diese Thatsache auch nur einen einzigen Augenblick bei irgend welcher wissenschaftlichen Beschäftigung abhanden kommen konnte? Wenn er sie aber kennt, warum will er denn diese „Relativität", die für alle historischen Methoden und Anschauungsweisen gilt, grade nur der einen historischen Betrachtungsweise als Fehler aufpacken, die (nach ihm) auf „feste Naturgesetze" ausgeht, und die er bekämpft? Warum nicht auch die seinen? Der ganze Vorgang ist überaus charakteristisch. Die im tiefsten Grunde dogmatische Haltung der Polemik des Herrn v. Below, die trotz aller Eigenschaften der Historie, das Relative aufzudecken, das eigene System nicht für „relativ" hält, das latente Bewußtsein, daß er nur zu behaupten brauche, wo andere sich bescheiden mit Beweisen abmühen, die Intoleranz der sogenannten „geltenden Meinung", die heute im Grunde stärker ist als das Dogma von ehedem: hier tritt sie erschreckend zu Tage.

Aber wir wollen uns nicht ereifern, denn die nächsten

Sätze des Herrn v. Below führen uns alsbald wieder in Gefilde froher Komik. Die berühmte Brille des Naturforschers, durch die er die Welt be- und erschaut, erscheint vor unserem entzückten Blick; wir werden belehrt, daß diese Brille eine ganz andere Brille sei als die Brille des Historikers (hier fällt freilich, ästhetisch unangenehm, Herr v. Below aus dem Bilde und spricht von dem Auge des Historikers — indes, welcher Vergleich hinkte nicht, auch der edelste!) . . . und wir erfahren, daß die beiden famosen Brillen dennoch zu guter Letzt wie ein Stereoskop wirken und eine vollständige Welterkenntnis liefern. Damit gehen wir befriedigt nach Hause: denn alle erkenntnistheoretischen Zweifel sind der Zwei-Brillen-Theorie gewichen.

Zum andern aber hebt Herr v. Below in puncto „Entwicklung" also an: „Es soll nun keineswegs behauptet werden, daß der Nutzen der geschichtlichen Betrachtung sich darin erschöpft, zu Zweifeln anzuregen, die Relativität aller Systeme erkennen zu lassen. Er ist auch sehr positiver Natur." Der Nutzen der geschichtlichen Betrachtung? Ich denke, wir sind beim „Begriff der Entwicklung"?! Gewiß! Aber der Zerfaserung dieses Begriffs schiebt sich bei Herrn v. Below aufs allernatürlichste die Diskussion eines vermeintlichen Bedürfnisses unter. Denn das ist eben das Eigenartige seines Denkens, daß sein Zusammenhang nicht auf Begriffe geht und von Begriffen hergeleitet wird, sondern, jeder erkenntnistheoretischen Stütze und jeder logischen Disciplin entbehrend, auf die dogmatischen Bedürfnisse zugeschnitten erscheint, die er als der momentanen Praxis geschichtlicher Studien angemessen empfindet. Doch hören wir, was er unter dieser Flagge ausführt.

Da stellt er nun zunächst den Satz auf, dem Gedanken der historischen Rechtsschule, daß das Recht Produkt des Volksgeistes sei, könne im Hinblick auf die weitere Fassung seitens der Romantik die Form gegeben werden, daß der einzelne in seinem Volke steht. D. h. er erkennt die Bedeutung der socialpsychischen Kräfte doch wohl nicht nur im Sinne einer passiven Bedingung des Wirkens großer Persönlichkeiten, sondern vielmehr im Sinne einer verursachenden, positiven geschichtlichen Wirksamkeit an. Dies sei uns genug: nur in Parenthese wollen wir bemerken, daß dem Gedanken der Rechtsschule bekanntlich Herder weit vorausgegangen ist mit seiner Auffassung mindestens der Volksdichtung als Produktes des Volksgeistes; daß weiterhin die von Herrn v. Below angeschlossene Bemerkung, die romantische Bewegung habe überhaupt den Rationalismus überwunden, höchstens halbwahr ist (denn noch heute leben bekanntlich viele Reste des Rationalismus fort), daß endlich die von ihm doch wohl geteilte Anschauung von der geschichtlich positiven, d. h. verursachenden Wirksamkeit der socialpsychischen Kräfte keineswegs ein altes Erbstück allgemeiner geschichtlicher Anschauung ist, sondern von mir erst in mühsamem Ringen, namentlich gegen Nachfahl, hat zur Anerkennung gebracht werden müssen. Heute freilich werden sich wohl wenige Historiker finden, welche die sogenannten Zustände nur noch als das historische Leben bedingend und nicht vielmehr mit verursachend ansehen werden. Doch lassen wir das, wie gesagt, beiseite; wir werden Herrn v. Below als Historiker der Geschichtswissenschaften vielleicht noch bei anderer Gelegenheit zur Genüge kennen lernen.

Den von ihm in irgend einer Weise anerkannten socialpsychischen Kräften aber setzt nun Herr v. Below den Einzelnen gegenüber: „Der einzelne ist Glied seines Volkes, jedoch nicht bloß Glied seines Volkes." D. h. er ist etwas für sich, eine Individualität. Es ist ein Satz, den er dann, unter einem Citat aus Treitschke, zwar nicht unterläßt aufs mannigfaltigste zu modulieren, den er aber begrifflich nirgends fester faßt. Oder sollen wir einen Versuch in dieser Richtung etwa in Worten erkennen, wie es die sind von der „tiefgreifenden Bedeutung der Persönlichkeit", zu der sich „mit seltener (sic!) Übereinstimmung" die Historiker bekannt haben?

Eins aber kann Herr v. Below nach all diesen vagen Auseinandersetzungen am Ende bennoch nicht umgehen: er muß sich schließlich über das allgemeine Verhältnis der socialpsychischen zu den individuellen Kräften in der Geschichte äußern. Und er thut es von der Voraussetzung aus, daß die Konsequenz einer bloßen

Wirkung der socialpsychischen Kräfte eine rein gesetzmäßige
Entwicklung sein müsse. „Wer einem socialen Ideal," ruft er
er hier aus, „wer überhaupt einem Ideal huldigt, der protestiert
gegen den lähmenden Gedanken einer rein gesetzmäßigen Ent=
wicklung. Wenn die Erfahrung lehrt, daß die Historiker sich
regelmäßig durch das Verständnis für die ethischen Fragen des
Lebens auszeichnen, wenn man der historischen Betrachtung
nachrühmt, daß sie eine erhebende Wirkung ausübt, so hat
diese Erscheinung darin ihren Grund, daß in den Augen der
Historiker das einzelne und der einzelne etwas gelten, nicht
bloß die Gattung. Gegenüber dem niederdrückenden und ab=
stumpfenden Gefühl, das die von der Naturforschung vorgetragene
Lehre unserer Abhängigkeit von allgemeinen Gesetzen bei uns
hervorbringen will, suchen wir Stärkung, außer in den Er=
fahrungen des eigenen inneren Lebens, in der geschichtlichen
Betrachtung . . . Bedarf es nun noch einer weiteren Beweis=
führung, daß derjenige, der dem Historiker als erste und
eigentliche Aufgabe die Auffuchung allgemeiner Gesetze zuweist,
das Wesen der Geschichte vollkommen verkennt?" Beweis=
führung? In den ganzen achtzig Seiten des Aufsatzes des
Herrn v. Below steht vielleicht kein einziges Wort, das be=
zeichnender wäre als dieses! Mit Pathos und wiederum mit
Pathos wird ein Protest pur et simple gegen andere An=
schauungen eingelegt; für das Schaffen der Geschichtswissen=
schaft werden mit Emphase ethisch=praktische Rücksichten und
Werturteile geltend gemacht: und das Ganze betrachtet der Ver=
fasser dann als eine „Beweisführung"! Genug! Genug!

Und was ist das wissenschaftliche, methodologische Ergebnis
der ganzen langen Erörterung? — Der Satz, „daß derjenige,
der dem Historiker als erste und eigentliche Aufgabe die Auf=
suchung allgemeiner Gesetze zuweist, das Wesen der Geschichte
vollkommen verkennt"! Ich will nicht weiter fragen, was sich
denn da Herr v. Below unter einer „eigentlichen Aufgabe" so
„eigentlich" gedacht hat — seit Jahren ist man auf historisch=
methodologischem Gebiete gewohnt, mit solchen schemenhaften,
unklaren Zwitterbegriffen wie „eigentlich" zu wirtschaften. Aber

das hätte man doch auch von ihm erwarten können, daß er am Ende kurz und bündig über das Verhältnis von Individual=kräften zu Kollektivkräften in der geschichtlichen Bewegung unter=richte. Aber eben hier heißt es: haeret aqua. Soll ich mir nun das Vergnügen machen, von einer von Herrn v. Below zugegebenen Voraussetzung aus dies Verhältnis einfach und klar zu entwickeln? "Abgesehen von Bedenken," sagt Herr v. Below S. 237, "die wir ... gegen die Ansicht haben, daß zu irgend einer Zeit ein Volk ganz unabhängig von der allgemeinen Entwicklung, bezw. auswärtigen Verhältnissen gewesen sei, können wir sehr wohl zugeben, daß eine Tendenz zu einer regulären Entwicklung vorhanden ist." Wo kommt nun die Tendenz zur regulären Entwicklung her? Herr v. Below belehrt uns (S. 243), daß die Idee der verursachenden Wirkung der socialpsychischen Kräfte in der Geschichte "wohl geeignet" sei, "der Konstruktion histo=rischer Entwicklungsgesetze Nahrung zu geben". Um so mehr werden wir in seinem Sinne feststellen dürfen, daß es die socialpsychischen Kräfte sind, welche hinter der Tendenz zu einer nur regulären Entwicklung stehen.

Diese im Sinne des Herrn v. Below festgestellte Sachlage wird nun aber, wiederum nach ihm, gestört nur durch das Hineinspielen des weltgeschichtlichen Faktors: wie er sich S. 243—244 ausdrückt, durch die "Rankesche Entdeckung von dem Einfluß der auswärtigen Verhältnisse auf die inneren Vor=gänge der Staaten". Welcher Art aber sind nun diese "Ver=hältnisse"? Beruhen sie auf dem Eingreifen einzelner aus=wärtiger Individuen? Offenbar nicht: es sind eher "Verhält=nisse" oder, wie Herr v. Below S. 237 sagt, die "allgemeine Entwicklung", d. h. es sind socialpsychische Strömungen und Kräfte, die von außen einwirken, mögen sie nun durch eine be=stimmte Hand, mögen sie durch eine mehr unpersönliche Bewegung in Wirkung gesetzt sein. Welchen Vorgang haben wir also? Socialpsychische Kräfte ergeben die Tendenz zu regulärer Ent=wicklung, und socialpsychische Kräfte greifen in diese Tendenz von außen her ein. In Summa handelt es sich mithin überall um socialpsychische Kräfte — und ihnen gegenüber steht das Individuum, die Einzelperson.

Wie wird sich da nun die Einzelperson zu ihnen stellen? Daß sie sich zur „regulären Tendenz" untergeordnet verhält, liegt in der Natur der Sache, wenn Worte noch Sinn haben. Wird sie sich aber anders zu den weltgeschichtlichen Einwirkungen verhalten? Gewiß nicht, denn auch diese sind ja eben „allgemeine Entwicklung", und ihr Charakter bedingt es, daß sie in jene „reguläre Tendenz" einmünden, der an sich schon das Individuum eingeordnet ist.

Wo bleibt da das stolze Pathos der zuletzt citierten Belowschen langhinhallenden Persönlichkeitsperioden? Ich bedaure, daß ich ihnen eine gleich rhetorische „Beweisführung" nicht habe entgegensetzen können, und vermag zu meiner Entschuldigung nur anzuführen, daß meiner Überzeugung nach methodologische Fragen nicht durch argumenta ad hominem, sondern einzig und allein durch nüchterne Schlußreihen zu beantworten sind.

Nachdem sich aber Herr v. Below jetzt selbst widerlegt hat, ist freilich für uns noch nicht alle Arbeit gethan. Wir haben vielmehr noch das Verhältnis der beiden Pole Gesellschaft (socialpsychische Kräfte) und Individuum (individualpsychische Kräfte) proprio marte zu bestimmen. Da wäre nun zunächst zu sagen, daß der Gegensatz kein ausschließender ist: die Gesellschaft wird von den Individuen gebildet. Wie bei dieser Lage die Gesellschaft auf das Individuum einwirken kann, ist ohne weiteres klar, denn das Individuum ist nur Teil der Gesellschaft. Der umgekehrte Fall dagegen, daß das Individuum auf die Gesellschaft wirkt, jener Fall, den die ältere Schule „eigentlich" und „zuerst" sieht, aus dem einzigen Grunde, weil er sinnfälliger in Erscheinung zu treten pflegt, bedarf der Erklärung. Offenbar kann das einzelne Individuum auf seine Gesellschaft nur wirken, indem es die wichtigsten Mitglieder dieser zu seinen Tendenzen bekehrt. Die Bekehrung dieser Mitglieder aber ist nicht ein passiver Vorgang seitens dieser, sondern ein aktiver: diese Mitglieder müssen die Tendenzen dieses Individuums in sich aufnehmen, müssen sie gleichsam nostrifizieren,

ehe sie in ihnen und damit im Übergewicht der gesamten social=
psychischen Kräfte wirksam werden. Und diese Nostrifikation
geht niemals ohne starke Veränderung der individuellen Ten=
denzen vor sich, ist also ein schöpferischer Akt der Masse, wie
der Akt des Individuums. Dieser Vorgang wird gewöhnlich
übersehen: er allein schon bedingt die Abhängigkeit der Wirk=
samkeit auch des mächtigsten Individuums von der Gesellschaft,
in der es lebt.

Schwer zu sagen ist freilich, wie weit diese Abhängigkeit
geht. Nur so viel steht fest, daß sie gerade in den wesentlichsten
Punkten absolut ist. Das liegt schon in der „Tendenz zur
regulären Entwicklung", läßt sich aber auch an Beispielen leicht
klar machen. Es wird z. B. von allen zugegeben werden, daß
Karl der Große keine Reichsbank schaffen, Bismarck uns nicht
in den Zustand einer Naturalwirtschaft zurückführen konnte.
Ich fühle die Entrüstung, in die Herr v. Below gerät, indem
er diese ihm wohlbekannten Argumente wiederum in der her=
gebrachten unwiderleglichen Form liest. Er pflegt diese Argu=
mente in seinem Aufsatz schlechtweg „elend" zu nennen, in der
Überzeugung, daß er sie damit beseitigt hat; denn eine andere
Widerlegung hat er nicht versucht. Schade dabei nur, daß
für andere Urteile, und seien sie noch so entschieden vorgetragen,
keine Beweise sind.

Es bleibt also dabei: das Individuum, auch das mächtigste,
ist in den Kreis der fundamentalsten Voraussetzungen der
Kultur, in der es lebt, eingeschrieben, ohne ihnen entrinnen
zu können, es sei denn, daß es den ganzen Kulturkreis verließe —
oder, was dasselbe ist: es bleibt dabei, daß die Kulturgeschichte
die geschichtliche Fundamentalwissenschaft ist. Welchen Umfang
freilich dieser Kreis unverbrüchlicher und fundamentaler Voraus=
setzungen in jedem Kulturzeitalter im einzelnen hat, das ist
eine ganz andere Frage, die historisch-empirisch beantwortet sein
will; und Untersuchungen über die Entwicklung des Verhältnisses
der socialpsychischen und individualpsychischen Kräfte zu einander
von Kulturzeitalter zu Kulturzeitalter würden zweifelsohne in
die tiefsten Probleme der Geschichtswissenschaft einführen.

Hier haben wir indes diese Unterſuchungen nicht durch=
zuführen: ſie laſſen ſich ohnedies nur innerhalb ganz weit=
geſpannter und zugleich eingehender genereller kulturgeſchicht=
licher Forſchungen erledigen. Hier haben wir uns nur zu
fragen, wie ſich denn wohl Herr v. Below im allgemeinen zu den
ſoeben vorgetragenen Gedankenzuſammenhängen ſtellen möchte?
Die Antwort erteilen mit einiger Deutlichkeit die S. 226 ff.
ſeines Aufſatzes. Herr v. Below ſagt hier: „Lamprecht macht
einen ſcharfen Unterſchied zwiſchen dem Gebiet des individuellen
Handelns der eminenten Perſönlichkeiten, dem Gebiet des Singu=
lären, auf dem die Freiheit, und dem Gebiet des kollektiviſti=
ſchen Geſchehens, dem Gebiet des Generellen, auf dem die Not=
wendigkeit herrſcht. Er ſtellt ſo die ‚individualpſychiſchen‘ und
‚ſocialpſychiſchen‘ Kräfte ſchroff einander gegenüber. Er ſucht
dann nachzuweiſen, daß die letzteren viel ſtärker als die erſteren
ſind, daß ‚die großen ſocialpſychiſchen Kräfte ſchließlich die in=
dividualen beherrſchen‘. Ihr Übergewicht iſt ſo bedeutend,
die Freiheit des Individuums ſo gering, daß die ‚Frage nach
der Möglichkeit geſetzmäßiger Entwicklungsſtufen der Kulturen‘
bejaht werden muß."

Ich könnte an dieſer Zuſammenfaſſung früherer Dar=
ſtellungen meiner Anſchauung im einzelnen wohl mäkeln, bin
aber weit davon entfernt, es zu thun, erkenne ſie vielmehr als
im ganzen zutreffend an. Nur zweierlei habe ich zu bemerken.
Man ſieht, daß in der Darſtellung des Herrn v. Below auf
der den ſocialpſychiſchen Kräften entgegengeſetzten Seite zwiſchen
dem Ausdruck „eminente Perſönlichkeit" und „individualpſy=
chiſch" geſchwankt wird. Dies Schwanken fällt vermutlich
nicht Herrn v. Below zur Laſt, ſondern mir: ich habe da, wo
ich oben von Individuen ſchlechthin rede, früher allzueng nur
von eminenten Individuen geredet[1]. Und weiter: es zeigt ſich
das Beſtreben des Herrn v. Below, die Dinge, entgegen meiner
Auffaſſung, ſo darzuſtellen, als lehrte ich eine unüberſteigliche

---

[1] Freilich: Andere haben ſchon längſt die von mir vorgenommene
Korrektur erkannt; vgl. P. Pomtow, Jahresberichte für höheres Schul=
weſen 1897, X, 1, 6.

Kluft, einen kontradiktorischen Gegensatz zwischen individual=
psychischen und socialpsychischen Kräften. Ich habe gegen diese
Verdrehung meiner Ansicht schon mehr als einmal Verwahrung
eingelegt; es geht auch aus der oben gegebenen Darstellung
hervor, daß ich sie nicht habe; und schließlich lehrt schon der
einfachste Augenschein, daß beiderlei Kräfte auf der geschichtlich
geeinten Gesellschaft, sei es als einem unteilbaren Ganzen, sei
es als einer Summation von Individuen, beruhen.

Grade an diesem Punkte aber setzt nun die Kritik des
Herrn v. Below ein und verdammt sich dadurch von vorn=
herein zur Unfruchtbarkeit. „Die Lösung des Problems durch
die Herstellung gesonderter Gebiete, auf denen hier die Freiheit,
dort die Notwendigkeit herrscht, ist nun zunächst nicht neu.
Sie ist aber vor allem auch nicht richtig. Es kann kein Zweifel
bestehen, daß es sich dabei nicht sowohl um eine wissenschaft=
liche Lösung, als vielmehr um den Versuch eines Kunststücks
handelt. Daß Lamprechts Versuch völlig verunglückt ist, haben
bereits Meinecke (H3. 77, 262 ff.), Hintze (ebenda 78, 60 ff.),
am eingehendsten Rachfahl (Jahrb. f. Nat. 86, 659 ff.) zur
Genüge dargethan." Und um keinen Zweifel zu lassen, welches
durchschlagende Argument er gegen meinen „Versuch" zur Ver=
fügung habe, citiert Herr v. Below noch ausdrücklich den Satz
Meineckes: „Lamprechts Auffassung, welche die geschichtliche
Menschheit in zwei Teile zerreißt, eine kleine aristokratische
Elite und die große, dumpfe Masse, die sich blind von ‚ge=
nerischen' Motiven leiten läßt, ist unpsychologisch."

Man sieht hier leicht, wo der Fehler der Betrachtungs=
weise der Gegner liegt: logische Unterschiede a potiori, die ich
gemacht habe, werden zu realen erweitert; der alte Irrtum, den
uns die Scholastiker gebracht haben, daß das, was ich denke, auch
sinnfällig zu Tage treten müsse, wirkt verheerend. Ich unterscheide
allerdings zwischen den kollektivistischen Leistungen und den emi=
nenten Leistungen jedes Menschen, je nachdem dessen Thätigkeit in
der Gesellschaft aufgeht oder über sie hinausragt — aber zerreiße
ich darum diesen Menschen selbst in zwei Teile, das „In=
dividuum" und das $\zeta\tilde{\omega}o\nu$ $\pi o\lambda\iota\tau\iota\varkappa\acute{o}\nu$? Nicht im Traume fällt

mir das ein; ich unterscheide an diesem Menschen nur logisch
zwei Seiten, die sich faktisch immer zusammenfinden. Hierzu
habe ich ein unbestrittenes Recht, und ich kann den Irrtum der
Gegner nur damit entschuldigen, daß ich auf dem potius der,
sei es mehr nur gesellschaftlichen, sei es eminent individuellen,
Leistung eine Zeit lang einen Unterschied zwischen der Masse
und den Helden begründet habe, der methodologisch unfruchtbar
ist, von meinen Gegnern aber nicht bloß in der angeführten
Weise kritisiert, sondern durch die klarere, oben von mir gegebene
Meinung hätte ersetzt werden sollen. Daß aber gegenüber dieser
Meinung der kritische Satz Meineckes unhaltbar ist und dies
auch dann bleibt, wenn er von Herrn von Below als Kern=
waffe hervorgeholt wird: das leuchtet ohne weiteres ein.

Nun hat freilich Herr v. Below noch ein zweites Arsenal
von Waffen gegen meine, wie wir übrigens sahen, in ihrem
Unterbau aus seinen eigenen Worten ableitbare Ansicht von
dem Verhältnis der socialpsychischen zu den individualpsy=
chischen Kräften: die Konsequenzen, die ich aus ihr ziehe, be=
weisen ihm ihre praktische Unbrauchbarkeit für den Historiker.
Die „Prüfung dieser Konsequenzen" führt Herr v. Below (ich
muß ihn hier selbst länger citieren) in folgenden Sätzen durch.
„Lamprecht thut sich sehr viel darauf zu gut, daß er keines=
wegs die Bedeutung der Persönlichkeit unterschätze. Neben
dem Handeln der Massen und Nationen gebe es auch das
Walten eminenter Persönlichkeiten. Daher habe in der Wissen=
schaft sowohl eine ‚individualistische‘, wie eine ‚kollektivistische‘
Geschichtsauffassung ihre Berechtigung. Die Geschichtsauffassung
— ruft er aus — ‚muß beide Elemente verschmelzen, indem
sie den gesamten Komplex historischen Lebens umfaßt; sie muß
universalistisch sein‘. (Zukunft, 31. Juli 1897.) Die Prägung
des Wortes universalistisch (das er gesperrt druckt) hat ihm
offenbar sehr imponiert. Es geht eben nichts über ein Fremd=
wort. Wenn nun Lamprechts Geschichtsauffassung wirklich
jenen Charakter hätte, so würde sie sich (abgesehen von jener
wunderlichen Art der Teilung der Gewalten) von der bis=
herigen Auffassung nicht unterscheiden; denn diese hat ja stets

sowohl Freiheit, wie Notwendigkeit betont. Allein wir haben es hier offenbar nur mit dem Bestreben Lamprechts zu thun, nach Möglichkeit den allseitigen darzustellen, der dem guten Kern aller Bestrebungen gerecht wird, was dann freilich nur auf einen Eklektizismus hinauskommt. Er ist eine Proteusnatur; er will allen alles sein; alles soll in seinem System Aufnahme finden — wenigstens dem Worte nach. Erhebliche praktische Bedeutung hat jedenfalls die Freiheit, die er dem Individuum noch zugesteht, nicht. Denn sie hindert, wie bemerkt, nach seiner Meinung einen gesetzmäßigen Lauf der Entwicklung nicht, und das eben ist das Entscheidende."

Herr v. Below hat das Bedürfnis, hier einen Absatz in seiner „Prüfung" zu machen. Wir haben es auch und ringen nach Atem. Denn wir haben eine ganz echte, „typische" Belowsche Deduktion über uns ergehen lassen müssen. Wo ist hier eine Konsequenz, die ich aus meiner Theorie ziehe, auf ihre praktische Brauchbarkeit für den Historiker geprüft? Unterziehen wir uns der wahrlich nicht angenehmen „Prüfung", Herrn v. Belows inhaltsleere Sätze dennoch auf einen etwaigen Inhalt anzusehen, so ergiebt sich vielmehr folgendes: Es wird eine kurze Repetition meiner „Theorie" vorgenommen; ob dies korrekt geschieht oder nicht, ist hier gleichgültig. An diese Repetition wird eine persönliche Insinuation geknüpft und als Thema in — leider auch noch ziemlich wässerigen — Variationen behandelt. Daran schließen sich dann die beiden letzten Sätze, in denen gütige Nachsicht den Versuch, zu der berühmten „Prüfung auf die praktische Brauchbarkeit zu gelangen", insofern zu finden veranlaßt sein könnte, als in ihnen das Wort praktisch vorkommt. Mag das nun richtig sein oder nicht, wir wollen uns das Vergnügen nicht ersparen, auf diese Sätze einzugehen. Nach Herrn v. Below hat eine Freiheit des Individuums, die einen gesetzmäßigen Verlauf der Entwicklung nicht hindert, keine erhebliche praktische Bedeutung: „Das ist das Entscheidende". Wenn das das „Entscheidende" ist, dann um so schlimmer für Herrn v. Below: denn dann ist ihm die Freiheit des Individuums gleich Willkür. Wer aber in aller Welt faßt heute den Begriff der Freiheit noch so? Herr v. Below dürfte lange suchen, ehe er jemand von einer so großen philosophischen Unbedarbtheit findet, daß er ihm Eideshelfer würde. Aber — wie ich schon oben gezeigt habe — eine Erörterung in der Art, wie sie Herr v. Below hier angestellt hat, wird überhaupt unter allen Umständen unfruchtbar bleiben. Denn sie stellt relative Begriffe in die Rechnung, deren Relativität sie nicht begrenzt[1]. Individualpsychische und socialpsychische Kräfte müssen empirisch im Lauf der Geschichte verfolgt und in ihrem jeweiligen Verhältnis festgelegt werden. Thut man das, so ergiebt sich freilich, daß das individualpsychische Element ständig in das socialpsychische eingeschlossen ist: daß dieses also das mächtigere ist. Es kann sich demnach für das individualpsychische Element nur noch um die Begrenzung seiner jeweiligen Bedeutung innerhalb dieses Rahmens handeln.

Freilich: eben davon will Herr v. Below nichts hören. Und er bringt seine Meinung — merkwürdigerweise als Abschnitt II der „Prüfung der Konsequenzen" — sehr entschieden also zum Ausdruck:

„Höchst charakteristisch ist nun die Art, wie Lamprecht nachweist, daß ‚das kollektivistische Element' das unvergleichlich mächtigere ist als ‚das individualistische'. In der Hauptsache begegnet da nur wieder das elende Argument von der Umwandlung der Naturalwirtschaft (f. oben S. 220). Lamprecht ist klug genug, seine Behauptung vorsichtig zu verklausulieren. Vgl. namentlich die Einschränkung: ‚in einem Volke von voller typischer Entwicklung'. Denn er wird sich selbst sagen, daß

[1] Darum kann es denn Herrn v. Below auch passieren, daß er sich an anderer Stelle — aber bei seinem kurzen Gedächtnis noch innerhalb desselben Aufsatzes — ganz anders ausdrückt, als man nach dem eben Gehörten erwarten sollte. So citiert er z. B. S. 211, offenbar zustimmend, die Ansicht Volkelts: „Erst neuerdings hat z. B. Volkelt als sittliches Ziel Belebung, Pflege, Ausbau, Steigerung der eigenen Individualität bezeichnet und dabei gleichzeitig die großen Individuen nur ‚einen ebenbürtigen Faktor' genannt: ‚ihre Originalität hält sich innerhalb gewisser, durch die jeweilige Entwicklungsstufe gegebener Grenzen.'" Vortrefflich und ganz meine Meinung!

sehr viel durch einen einzelnen in Bezug auf die wirtschaftliche
Entwicklung doch gethan werden kann. Die übrigen Argumente
variieren nur jenes. Da werden wir belehrt: ‚Karl d. Gr.
hätte in seinem naturalwirtschaftlichen Zeitalter keine Geldwirt=
schaft aus dem Boden stampfen, Bismarck uns nicht in ein
Hirtenleben zurückführen, der Maler des Gottschalkevangeliars
nicht in der zeichnerischen Weise des 16. Jahrhunderts malen
können' (Zukunft 18, 28). Eine wesentliche Eigenschaft des
großen Staatsmannes sei es, ‚daß er die Durchführung des
socialpsychisch Unmöglichen zu vermeiden wisse' (ebenda). Auf
wen soll dieser Windmühlenkampf Eindruck machen? Lamprecht
gesteht durch die Auswahl seiner Argumente indirekt selbst zu,
daß ihm thatsächlich ein lebhaftes Bewußtsein von der Be=
deutung der Persönlichkeit innewohnt; er will es nur, um seine
‚Gesetze' konstruieren zu können, nicht Wort haben."

Hier halten wir mal ein bißchen inne und konstatieren
bei der Gelegenheit zunächst, daß wir noch immer auf die
„Brauchbarkeit der Prüfung der Konsequenzen" — pardon,
die „Prüfung der Konsequenzen auf ihre Brauchbarkeit" ver=
gebens warten. Doch nehmen wir die Dinge, wie sie sind.
Wovon war doch eigentlich die Rede? Davon, daß die
größten socialpsychischen Erscheinungen wichtiger sind als
individualpsychische Kräfte, und daß man das empirisch
beweisen könne. Und nun ward dieser Beweis von mir ge=
führt an dem Thema, daß keine noch so große individual=
psychische Kraft imstande sei, typische Erscheinungen der beiden
großen socialpsychischen Zustände der Naturalwirtschaft und
der Geldwirtschaft gegeneinander zu vertauschen und noch viel
weniger aus bloßer eigener Kraft den fortgeschritteneren geld=
wirtschaftlichen Zustand in den primitiveren naturalwirtschaft=
lichen zu verwandeln. Dieser Beweis ist vollkommen gelungen.
Sogar für Herrn v. Below. Denn an der von ihm citierten
Stelle S. 220 f. ruft er wörtlich aus: „Wer hat denn das Gegen=
teil behauptet? Hat irgend ein ‚Individualist' eine solche Be=
hauptung aufgestellt?" — um dann nach einigen Divertissements
mit dem anmutigen Satze zu schließen: „Wir haben es eben

bei Lamprecht auf Schritt und Tritt mit der Trivialität jener mutigen Männer zu thun, die im tollsten Siegesjubel offene Thüren einrennen." Lassen wir den Siegesjubel beiseite, so hat Herr v. Below diesmal ausnahmsweise mit der „Triviali=tät" recht. Ja ja, schmunzelnd bemerk' ich's, auf ganz trivialem Wege, so elementar und langweilig, wie nur irgend möglich, läßt sich nachweisen, daß die socialpsychischen Kräfte den individualpsychischen überlegen sind. Herr v. Below seinerseits aber war in der Lage, sich zu fragen, was gegen diese ekelhafte Trivialität zu thun sei, und — er hat schließlich nichts Besseres zu finden gewußt, als die Methode dieses Beweises als „elend" für alle Zeiten zu brandmarken, ihr das vernichtende Urteil eines „Windmühlenkampfes" zu applizieren und nochmals zu wiederholen, ich hätte thatsächlich ein lebhaftes Bewußtsein von der Bedeutung der Persönlichkeit. Mit herzlichem Danke accep=tiere ich dieses Zeugnis, füge ihm aber bescheiden und ein wenig schalkhaft hinzu: von der Bedeutung der Persönlichkeit innerhalb der überlegenen Notwendigkeiten der socialpsychischen Kräfte.

Aber Herr v. Below, der Unermüdliche, ist noch nicht fertig. Er setzt nunmehr (ob auch noch innerhalb der bekannten „Prüfung der Konsequenzen": — wer weiß es?) auf die er=heiternden Argumente ein von tiefer historischer und staats=männischer Erfahrung getragenes Pathos. Nämlich so:

„Nur Janssensche Manier ist es, wenn Lamprecht sich darauf beruft, daß Bismarck in seinen Reden öfter gesagt habe, sein Einfluß auf die Gestaltung der Dinge sei gering (Zukunft, 31. Juli 1897). Das ist das berühmte Prinzip: ‚die Quellen reden lassen'. Welcher kritische Historiker wird sich denn bei solchen Aussprüchen beruhigen? Man weiß, wie oft ein Staats=mann Veranlassung hat, einem Parlament, einer Partei gegen=über zu betonen, daß er das, was sie verlangt, nicht thun könne. Was Bismarck in der geschichtlichen Entwicklung be=deutet, beurteilen wir nicht nach einzelnen seiner Worte, sondern sehen uns den ganzen Mann und alle seine Thaten an. Übrigens sind mehrere der von Lamprecht angeführten Aussprüche Bis=

marcks so gehalten, daß sie schließlich von jedem unterschrieben werden können."

Wie schade, daß Herr v. Below die von mir citierten Worte Bismarcks nicht auch seinerseits einer Citation in dem Rahmen seiner Beredsamkeit gewürdigt hat. Freilich, wie würden da seine Leser erstaunt gewesen sein, hätten sie z. B. gelesen: „Am 2. März 1871 schrieb Jolly aus Versailles: ‚Interessant waren Bismarcks allgemeine politische Reflexionen, wenn man seine aus der frischesten Anschauung hervorsprudelnden Bemerkungen so nennen darf und mag. Sie laufen wesentlich darauf hinaus, große politische Änderungen ließen sich nicht machen, man müsse den natürlichen Lauf der Dinge beachten und sich darauf beschränken, das Gereifte zu sichern; der Staatsmann müsse wie ein Förster sein, der geduldig abwarte, bis der Wald schlagreif geworden.'" Wo ist hier das Parlament, wo sind die Parteien des Herrn v. Below, denen Bismarck unter „staatsmännischer" Anwendung einer schnöden, kollektivistischen Geschichtsauffassung blauen Dunst vormacht? Bismarck spricht „aus der frischesten Anschauung", natürlich des politischen Werdens, heraus und faßt seine Erfahrungen „kollektivistisch" zusammen. Wird sich wohl ein Historicus, zum Exempel Herr v. Below, leicht eine frischere Anschauung politischer Dinge zutrauen als Bismarck? Wohlan, Herr v. Below, treten Sie herfür, und versuchen Sie es! Aber — sagt Herr v. Below — man muß den ganzen Mann und alle Thaten nehmen, dann wendet sich das Blatt. Leider läßt sich auch dies gelassen ausgesprochene Wort durch Bismarck selbst, und nicht den Bismarck, der, nach Herrn v. Below, Parlament und Parteien haranguiert, sondern den ganzen Bismarck widerlegen; — und leider, leider ist auch hier das widerlegende Dictum schon in den citierten, aber von Herrn v. Below nicht mitgeteilten Worten des Zukunftartikels beigebracht. Bismarck hatte bekanntlich die Gewohnheit, ganze Abschnitte seiner Thätigkeit retrospektiv in sich ändernden Devisen zusammenzufassen; hierher gehört z. B. das Wort Patriae inserviendo consumor. Da hat er nun (Citat aus dem Zu=

kunſtartikel) „unter eine ‚nicht nach 1873‘ von ihm gefertigte
Überſicht ſeiner politiſchen Thätigkeit (Bismarck=Jahrbuch 4,
282) das (ganz und gar kollektiviſtiſche) Motto geſetzt: Unda
fert nec regitur . . .

Von Herrn v. Below finde ich es nicht hübſch, daß er dieſe
doch ganz intereſſanten Sachen ſeinen Leſern vorzulegen ver=
geſſen hat . . .

Dafür hat er freilich meine Heranholung des Zeugniſſes
des Fürſten Bismarck noch an einer anderen Stelle in ur=
komiſcher Weiſe verwertet. S. 248 Anm.: „Wir können Lam=
prechts Verfahren, auf Grund einiger aus dem Zuſammenhang
geriſſener (sic!) Ausſprüche Bismarcks über eines der wichtigſten
metaphyſiſchen Probleme abzuurteilen, nur für einen wahren
Hohn auf alle Empirie erklären.“ Über eines der wichtigſten
metaphyſiſchen Probleme? Wo in aller Welt iſt denn hier die
Metaphyſik? Es handelt ſich einfach um die empiriſche Frage,
ob die Zuſtände einer Zeit im Grunde mächtiger ſind als irgend
eine machtvolle Perſönlichkeit dieſer Zeit; eine Frage, die der
Philoſoph Volkelt nach dem eigenen Urteil des Herrn v. Below
— das freilich 37 Seiten vor dem citierten monumentalen Satz
abgegeben und inzwiſchen offenbar wieder vergeſſen iſt — in
rein empiriſcher Betrachtung mit den durchaus zutreffenden
Worten gelöſt hat: „Die Originalität großer Indivi=
duen hält ſich innerhalb gewiſſer, durch die je=
weilige Entwicklungsſtufe des Volkes gegebener
Grenzen.“

Im übrigen aber fährt Herr v. Below, der Unermüdliche,
— noch in „Prüfung der Konſequenzen“? —, jetzt aber zum
letztenmal alſo fort: „Die ganze Verkehrtheit dieſer Beweisführung hängt wiederum mit jener unglücklichen Teilung der
beiden Gebiete zuſammen. Dadurch gelangt Lamprecht zu einer
ganz falſchen Frageſtellung. Er glaubt nur fragen zu müſſen,
ob ein einzelner ſtärker ſei als die Umwelt oder, wie er ſich
wunderlich ausdrückt, ‚die mächtigſten zuſtändlichen ſocial=
pſychiſchen Erſcheinungen‘. Darum handelt es ſich natürlich
gar nicht. Die Frage lautet vielmehr: Sind alle einzelnen

Menschen so gebunden, daß sich ein naturgesetzlicher Gang der Entwicklung voraussehen läßt? Nicht bloß die eine ‚eminente‘ Persönlichkeit hat auf die Entwicklung Einfluß, sondern jeder an seinem Teile."

Als ich diese Stelle zum erstenmal las, war ich eigentlich geneigt, Herrn v. Below im tiefsten Herzen gram zu werden. Bisher hatte Herr v. Below von „gesetzmäßiger" Entwicklung geredet; hier redet er von „naturgesetzlicher", und wir wissen, das sind bei ihm große Unterschiede: denn er giebt die „Tendenz zur regulären Entwicklung" zu, historische Gesetze aber nicht. Sollte er, schoß es mir zunächst durch den Kopf, hier am Ende ein klein wenig Bellachini gespielt haben? Aber nein — in Anbetracht der vollkommenen sonstigen Unklarheit der Stelle bin ich von so schwarzem Verdacht bald zurückgekommen und bitte um Verzeihung, ihn auch nur zeitweis innerlich gehegt zu haben. Es ist alles mit natürlichen Dingen zugegangen, und nur darin hapert's, daß hier wie sonst in Herrn v. Belows Denken das Unzulängliche Ereignis geworden ist.

Denn was will er eigentlich an dieser Stelle sagen? Es geht ihm, scheint es, mindestens zweierlei durcheinander. Nämlich einmal das Problem, ob alle Menschen durch einen „naturgesetzlichen Gang der Entwicklung" gebunden seien. Und dann der Gedanke: daß, wer nachzuweisen bestrebt ist, daß der einzelne stärker sei als die Umwelt, dies für jeden einzelnen, nicht bloß für eminente Persönlichkeiten nachweisen müsse. Diese beiden Dinge hat er zu jenem Irrgarten seiner Sätze ausgebaut, den wir zu passieren genötigt sind. Was da nun die erste Sache angeht, so hat niemand behauptet, daß, nach historischer Empirie, alle Menschen an einen „naturgesetzlichen Gang der Entwicklung" gebunden seien. Hinsichtlich des zweiten Punktes aber steht es ganz einfach so, daß ich, wenn ich bewiesen habe, daß selbst die „eminentesten" Persönlichkeiten die größten Thatsachen der zuständlichen Entwicklung umzustürzen nicht imstande sind, dann hoffentlich nicht noch damit in Anspruch genommen werde, zu beweisen, daß der Knirps Hans oder Kunz es auch nicht könne. Oder verlangt das Herr v. Below? „Infandum, regina, iubes renovare dolorem!"

Ende gut, alles gut. Herr v. Below ist am Schluß mit seinen Ausführungen zum Kapitel „Entwicklung". Er macht zwar noch ein kleines Abbitamentum, indem er in einem Atem versichert, erstens, Ranke sei „der große Empiriker, der die Herrschaft der Spekulation gebrochen hat", und zweitens, die „Behauptung, daß die Arbeit des Historikers von seiner Weltanschauung unabhängig sei, resp. sein könne, sei eine These, welche allen Resultaten der empirischen Forschung direkt widerstreitet": — indes, wer wird sich bei Herrn v. Below noch um solche kleine logische lapsus calami kümmern? Hauptsache ist, daß er in mir einen schnöden metaphysischen Spekulanten entdeckt und seiner ehrlichen Entrüstung durch Ausdrücke wie „Cynismus" in einer ihm entsprechenden Weise Luft macht. —

Unsere Detailstudien sind damit bis zum dritten Akt der Belowschen Darlegung, der sich Kausalität beteiteln läßt, vorgedrungen. Er ist Gott sei Dank so kurz, wie es der Schlußakt einer ordentlichen Komödie sein muß. Wir wissen schon, daß das „ceterum censeo" des Herrn v. Below, in der ihm eigenen monumentalen Sprache ausgedrückt, lautet: „Unter dem Hinweis auf das Kausalitätsgesetz eine gesetzmäßige Entwicklung zu behaupten, ist dilettantische Kühnheit", und daß er mit dem Satz anhebt, der Historiker brauche sich „mit der Frage der Geltung des Kausalitätsgesetzes nicht aufzuhalten". Was zwischen diesen in Erz gegossenen Sätzen liegt, die den Abschnitt wie die zwo Tafeln Mosis begrenzen, das ist ihrer wert. Ich habe es schon oben, in den Auseinandersetzungen über die Zwei-Brillen-Theorie behandelt. An dieser Stelle möchte ich mir nur noch dazu ein kleines Abbitamentum zuzufügen erlauben, ermutigt durch das Beispiel, das Herr v. Below mir in dieser Hinsicht soeben gegeben hat. Es ist das folgende. Am Schlusse der Ausführungen des Herrn v. Below findet sich u. a. der Satz: „Unseren Ranke werden wir nie vollständig erklären, nie alles bei ihm auf Ursachen zurückführen können." Er ist natürlich richtig, wie alles bei Herrn v. Below. Aber „u n s e r e n

Ranke"?! Will Herr v. Below mir und verwandt denkenden guten Seelen etwa Ranke rauben? Etwa weil wir ihm nicht persönlich näher gestanden haben? Ich könnte von mir das Gegenteil beweisen! Oder weil wir ihn nicht kennen? Dann müßte von denen, die Ranke mit Beschlag belegen wollen, doch mindestens bewiesen werden, daß sie ihn besser kennen. Und zu diesem Beweise liefert denn Herr v. Below allerdings einen verblüffenden Beitrag. Er spricht einmal (S. 252) in seinem Opusculum von den wissenschaftlichen Fundamental= funktionen, deren Beherrschung Ranke vom Historiker verlangt habe. Es sind natürlich die der Kenntnis jedes Studenten schon der ersten Semester zugeführten Funktionen der Kritik, der Perzeption und der Penetration. Herr v. Below, der Kenner „unseres" Ranke, bezeichnet diese Funktionen mit neckischer Abweichung als Kritik, Präcision und Penetration. „Ein Druckfehler!" wird hier männiglich ausrufen. Wirklich? O nein! — Herr v. Below verwendet seine besonderen Kennt= nisse nochmals an einer zweiten Stelle seines Opusculi, und zwar, das versteht sich, loco significanti. Am Schlusse seiner Darlegungen, da, wo er emphatisch die Bühne verläßt, ruft er aus: „Mag ein Geschichtswerk im Sinne Dietrich Schäfers oder Gotheins, mag es im Sinne von Marx und Engels oder von R. Wagner [des Musikers oder des Physiologen?] verfaßt sein, es soll uns willkommen sein, falls es nur drei Eigen= schaften besitzt — Eigenschaften, deren Unentbehrlichkeit uns Ranke durch Vorbild und Lehre gezeigt hat: Kritik, Prä= cision und Penetration. Daß sich der Ranke=Kritiker [gemeint ist meine Wenigkeit] von dieser Grundlage der Rankeschen Ge= schichtschreibung so sehr weit entfernt hat, das ist es, was wir ihm am wenigsten verzeihen können." Und als ob es noch immer nicht genug wäre des grausamen Spiels mit unseren Lachmuskeln, setzt der Unglücksmann noch den schönen Satz hinzu: „Mein Gewissen nötigt mich, hier die pedantische An= merkung hinzuzufügen, daß auch diese Eigenschaften nicht ganz unabhängig von bestimmten allgemeinen Voraussetzungen er= werbbar sind."

III.

Der geduldige Leser, der die Güte gehabt hat, mir durch den zweiten Teil bis hierher zu folgen, erwarte nicht, daß ich noch weiter seine Zeit verschwende, indem ich mit Auseinandersetzungen nach Art der hinter uns liegenden fortfahre. Welch Trümmerfeld in sich unzusammenhängender dogmatischer und dazu noch unklar und abgerissen vorgetragener Anschauungen haben wir durchkreuzen müssen! Wir sehen darauf zurück wie auf den Moränenschutt eines trüben Gletschers, der bunt durcheinander, bald glatt gerieben und dadurch strukturell schwer bestimmbar, bald wieder zerbrochen und dadurch entstellt, Blöcke sehr verschiedenen Charakters in sich birgt, die, weit davon entfernt, eine festgefügte Mauer zu bilden, Zufällen mannigfachster Art ihr ungeordnetes Dasein an diesem Orte verdanken. Wir wenden uns von diesem Trümmerfeld ab und von dem Gestrüpp wildwuchernder Expektorationen, mit dem es umzogen ist, und fragen uns, da von der Meinung des Gegners nichts, aber auch gar nichts übrig geblieben ist, nur noch, in welchen Sätzen sich die eigene, zunächst polemisch vorgetragene Ansicht nach einigen Hauptpunkten positiv zusammenfassen ließe. Da ergiebt sich das Folgende:

1. Eine historische Methodologie hat, wie jede Methodologie, ihren festen Grund zu suchen in den anerkannten Sätzen der Erkenntnistheorie ihrer Zeit. Von diesem Grunde aus entwickelt sie die Forderungen der besonderen Methode. Die bestehende methodische Praxis kann in eine wissenschaftliche Methodologie nur eingehen, insoweit sie diesen Forderungen entspricht. Bloße Kodifikation herrschender methodologischer Anschauungen ist noch keine Methodologie; sie wirkt auf die Zukunft der Forschung nur verwirrend und rennt für deren Gegenwart offene Thüren ein.

2. Aus der gegenwärtigen Kenntnis unseres Denkens folgt, daß wissenschaftliches Denken, weil nur eine Abart des allgemeinen Urteilens, nur auf das Vergleichbare, Typische gehen kann. Dies gilt in gleicher Weise für alle Wissenschaften,

Naturwissenschaften wie Geisteswissenschaften. Für die Geschichtswissenschaft folgt hieraus, daß die Kulturgeschichte, insofern sie die Wissenschaft der typischen geschichtlichen Erscheinungen ist, als historische Grundwissenschaft betrachtet werden muß.

3. Das Singuläre, Individuelle ist nur der künstlerischen Erfassung zugänglich. Seine Erforschung kann mithin in der Geschichtswissenschaft nur sekundär in Frage kommen und hat unter allen Umständen das Anerkenntnis aller auf rein wissenschaftlichem, d. h. vergleichendem Wege gefundenen Ergebnisse zur unverbrüchlichen Voraussetzung.

4. Insofern die wissenschaftliche Forschung den socialpsychischen Kräften zu gute kommt, die künstlerische Apperzeption dagegen den individualpsychischen, ergiebt sich aus den sub 2 und 3 aufgestellten Forderungen der historischen Methode, daß die der historischen Forschung feststellbare Bedeutung der einzelnen Individuen eingeschrieben und fundiert sein muß in und auf die Bedeutung der socialpsychischen Faktoren (Zustände). Dem entspricht es, wenn sich empirisch nachweisen läßt, daß zu allen Zeiten und unter allen Umständen die Gewalt der wichtigsten Zustände stärker gewesen ist als die Kraft selbst der mächtigsten Personen.

Ich könnte noch fortfahren in der Aufstellung von weiteren Thesen. Ich könnte vor allem noch über die aus den vorstehenden Thesen leicht zu entwickelnde historisch=methodologische Auffassung der Kausalität, der Entwicklung und des sog. historischen Gesetzes reden. Ich thue das aber nicht, und zwar aus folgendem Grunde.

Herr von Below wird sich der Wucht der in diesem Aufsatze gegen ihn geltend gemachten Argumente schwerlich entziehen wollen. Ich erwarte von ihm aufs bestimmteste eine Antwort. Gelangen wir aber zur gegenseitigen Erörterung, dann ist zu wünschen, daß sie nicht durch Hereinziehen scheinbar schon schwierigerer Begriffe wie der zuletzt genannten kompliziert werde. Ich frage darum Herrn v. Below ganz einfach vorläufig nur, wie er sich zu den soeben aufgestellten Thesen und deren von mir gegebener Begründung stellt: hierauf erwarte ich eine klare, runde Antwort. Daß ich in einer Behandlung bloßer Nebenfragen meines Aufsatzes oder gar in einer Summe bloßer, bei Herrn v. Below erfahrungsmäßig nicht ausgeschlossener persönlicher Wendungen keine Förderung der gerade in dieser Richtung vielfach verfahrenen und unersprießlich gewordenen methodologischen Erörterung und noch weniger eine Beantwortung oder gar Widerlegung der Ausführungen meines Aufsatzes sehen würde, ist selbstverständlich.

*Freiherr von der Goltz
empfing den
ds 1*

Sonderabzug

aus der

Historischen Zeitschrift.

Band 87 (45) Heft 3

Republik und Monarchie in der italienischen Literatur des 15. Jahrhunderts.

Von
Fr. v. Bezold.

Das Staatsleben und die Staatsauffassung des eigentlichen Mittelalters werden im letzten Grund von dem Gedanken beherrscht, daß dieses vergängliche Erdendasein nur Vorbereitung für eine im Jenseits liegende Zukunft sei. Daraus ergibt sich eine Abhängigkeit des Staats von der Kirche, die selbst durch die entschlossensten Vorkämpfer der weltlichen Gewalt nicht wegdisputirt oder gewaltsam aufgehoben werden konnte. Denn auch sie unterlagen dem Zwang der geistigen Gewöhnung, Alles unter den religiösen Gesichtswinkel zu bringen, und suchten dem Staate zur Selbständigkeit zu verhelfen, indem sie ihn mittelbar oder unmittelbar ebenfalls auf göttlichen Ursprung zurückführten. Auf diesem Weg und mit solchen Mitteln war aber der Kirche das von ihr beanspruchte bessere Recht niemals ernstlich streitig zu machen. Der Staat mußte, um auf eigenen Füßen stehen zu lernen, entweder seiner theokratischen Attribute, die für ihn zugleich Fesseln waren, ganz entledigt oder wenigstens in den Stand gesetzt werden, sich ihrer kraft eigener Machtvollkommenheit und für seine eigenen Zwecke zu bedienen. Eine so gründliche Umwälzung hat sich natürlich nicht von heute auf morgen vollzogen; sie stellt sich uns vielmehr als eine allmähliche Verschiebung der Interessen dar, die sich vor allem unter dem Einwirken wirth-

icht zu Gebot gestanden hatten. Die Sel
tatus, früher wohl gelegentlich geübt, wu
erechtfertigt und nirgends lauter und rü
ltesten Heimath unserer modernen Kultu
)agte man den Schritt bis zur förmli
Staats; die Politik wurde von jeder reli
Bevormundung losgesprochen und allein
er salus publica unterworfen.

Inwiefern auch die kirchliche Wissens
er konziliaren Bewegung an dieser En
aben, soll hier nicht näher berührt werd
as bekannte Wort Campanella's erinner
iatus est Machiavellismus. Es liegt
ieiner Absicht, das so oft und mehr als
ezeichnete Bild Machiavelli's und seiner
kizziren. Ich möchte vielmehr auf gewisse
ische Äußerungen aufmerksam machen, di
luftreten des großen Florentiners fallen
ind, uns die Staatsauffassung der italieni
u bringen. Denn die merkwürdige That
ntwickeltes und an eigenmächtigen Persönl

Erscheinungen des antiken Staatslebens. Hier soll aber nur eine Seite eines so umfänglichen Kapitels zur Sprache kommen, das Hervortreten monarchistischer Stimmungen und Neigungen bei den Italienern, namentlich bei den Republikanern der Renaissance. Denn allein in den städtischen Gemeinwesen Italiens hatte sich damals ein bewußter und von den Nachwirkungen des mittelalterlichen Staatsideals fast ganz befreiter Republikanismus herausgebildet. Wenn selbst in den Tyrannenstaaten trotz ihrer ghibellinischen Herkunft der Begriff des imperium auf die Gewalt der Kleinfürsten übertragen wurde, so fühlten sich vollends die guelfischen Stadtstaaten mehr und mehr als rechte Erben der altrömischen res publica und ihrer Unabhängigkeit[1]). Schon im 13. Jahrhundert sucht eine berühmte staatstheoretische Schrift den Nachweis zu erbringen, daß es eine für alle Völker geeignete Staatsform nicht gebe; die einen seien knechtischer Art und daher von Natur für die Monarchie bestimmt, die andern, „die männlichen Geistes und der Kühnheit ihres Herzens und der Sicherheit ihrer Intelligenz gewiß sind", von Natur republikanisch; der letztere Fall treffe bei der Mehrzahl der Italiener zu[2]). Es ist

---

[1]) Vgl. z. B. Invectiva L. Colucii Salutati in Antonium Luschum (Florenz 1826) S. 54: Quid enim est Florentinum esse, nisi tam natura quam lege civem esse Romanum et per consequens liberum et non servum? Selbst offizielle Kundgebungen machen hiervon Gebrauch, so ein Manifest der Signoria im Kriege gegen Mailand 1424: suorum antiquorum patrum Romanorum more, quorum sunt filii, semen, sanguis et ossa (Commissioni di Rinaldo degli Albizzi Bd. 2, Florenz 1869, S. 47). In der laudatio Florentinae urbis des Lionardo Bruni heißt es geradezu: quamobrem ad vos quoque, viri Florentini, dominium urbis terrarum iure quodam hereditario ceu paternarum rerum possessio pertinet (Klette, Beiträge zur Gesch. d. Lit. der italien. Gelehrtenrenaissance Bd. 2, Greifswald 1889, S. 91). Der Verfasser mußte sich später gegen einen Kritiker vertheidigen, der ihm entgegenhielt, das römische Volk sei noch am Leben (Leon. Bruni Aret. epistolarum libri VIII, ed. Mehus 1741, 2, 112). Die Vorstellung von Florenz als der berufenen imperadrice, come sua madre fu del secol tutto, schon bei Fazio degli Uberti (Scelta di curiosità letterarie 77, 12 f.).

[2]) Infolge dieser Annahme der Zulässigkeit verschiedener Staatsformen, wie sie in der Schrift De regimine principum des Thomas (bzw. Ptolemäus) 8

doch bezeichnend, daß auch die italienische Kunst des 13. und 14. Jahrhunderts sich wiederholt an einer Personifikation der Republik, des Comune, versucht hat. In Florenz, dem geistigen Mittelpunkt Italiens, taucht vorübergehend der Gedanke auf, durch eine republikanische Propaganda, durch einen Bund von Freistaaten der um sich greifenden Tyrannis Halt zu gebieten. Es erinnert an die ceinture de républiques, die Brissot 1792 für das befreite Frankreich forderte, wenn der Leiter der florentinischen Staatskanzlei 1374 schreibt: „Dieser Stadt erscheint ihre Freiheit um so mehr gesichert, in je weiterem Umkreis sie von freien Völkern umgeben wird[1]." Selbst ein mailändischer Hofdichter durfte damals infolge der politischen Konstellation der Republik den Zoll seiner Bewunderung darbringen: „Jeder deiner Söhne ist ein Erwecker der im Todesschlaf ruhenden Freiheit wie Cato. Rom hat es nicht dir gleich gethan; es hielt die Provinzen unterjocht, du aber entreißest alle der Knechtschaft[2]." Der Schwung dieser Bewegung hielt nicht lange vor, aber Florenz blieb doch die vornehmste Heimstätte einer republikanischen Gesinnung, die in ihrem Haß gegen die Signoren und in ihrem berechtigten Stolz auf die Größe der Vaterstadt auch die alte Frage nach der besten Staatsform zu gunsten der eigenen Verfassung zu beantworten wagte[3]. In ihr findet Lionardo Bruni

---

auftritt, „erlischt", wie Gierke (Johannes Althusius, Breslau 1880, S. 63) sagt, „das göttliche Recht der Monarchie". Die Autorschaft des Thomas ist bekanntlich nur für die ersten Bücher der Schrift gesichert.

[1]) Epistolario di Coluccio Salutati (ed. Novati) 1, 194 f. Salutati leitete damals die Geschäfte noch als Vertreter; das Amt des Staatskanzlers selbst wurde ihm erst 1375 übertragen.

[2]) Scelta di curios., a. a. O. S. 41. Auch diese Gegenüberstellung wiederholt sich in der französischen Revolution, vgl. Sorel, L'Europe et la Révolution française 3, 154.

[3]) Vgl. die hiefür besonders charakteristische Leichenrede Lionardo Bruni's auf Nanni Strozza (Baluze, Miscell. 4², 1 ff.), in der die landläufige Bevorzugung der Monarchie für etwas Künstliches erklärt wird (monarchiae laus veluti ficta quaedam et umbratilis — non autem expressa et solida). Die Gleichheit im demokratischen Staat definirt er als paritas iuris einerseits und paritas rei publicae adeundae andrerseits. In seiner laudatio (Klette, Beiträge 2, 103) betont er nur die Rechtsgleichheit.

jene vollendete Harmonie, die, abgesehen von ihrer Zweckmäßigkeit, zugleich dieselbe ästhetische Befriedigung hervorruft wie der Wohllaut des reinen musikalischen Einklangs. Er versteigt sich sogar zu der kühnen Behauptung, in Florenz allein sei die Majorität immer der bessere Theil gewesen¹). Kein Wunder, daß ein Gemeinwesen, dessen Freiheitsliebe seit seiner Gründung durch das noch republikanische Rom sich lebendig erhalten haben sollte, endlich auch mit dem letzten Rest des mittelalterlichen Imperialismus aufräumte. Hier wurde das altrömische Kaiserthum für eine Tyrannis, das moderne für eine sinnlose Karikatur des Alterthums erklärt; Kommentatoren Dante's brandmarkten im schärfsten Widerspruch gegen die Staats- und Geschichtsphilosophie ihres Meisters Caesar als einen Verbrecher, eine wilde Bestie²). Und

---

(nec est ullus locus in terris, in quo ius magis aequum sit omnibus u. s. w.), trast deren der Staat als der natürliche Beschützer der früher von den potentiores vergewaltigten minores erscheint. Vgl. auch Giov. da Prato, Il Paradiso degli Alberti (herausgeg. von Wesseloffsky) 2¹, 224.

¹) Klette, a. a. O. S. 96 (in aliis quidem populis saepe minor pars meliorem vincit, in hac autem civitate semper videtur fuisse melior, quae maior); S. 98; vgl. hierzu Scelta di curiosità letter. 141, 83.

²) Vgl. H. Z. 36, 365; über Boccaccio's geringschätzige Äußerung (titulos vacuos) Giornale storico della letteratura italiana 15, 105 A. 3. Salutati erklärt die kaiserliche Erhebung des Visconti zum Herzog von Mailand für nichtig, weil erkauft und inter spumantes pateras titubantemque vino procerum nobiliumque coronam vollzogen (Invectiva in Luschum S. 105 f.). Die Auffassung Caesar's als eines Tyrannen und seiner Ermordung als eines Akts der Gerechtigkeit ist in Florenz nicht erst im Gegensatz zu der Herrschaft der Medici aufgekommen, wie man nach der Darstellung Burckhardt's (Die Kultur der Renaissance 1², 58 f.) annehmen könnte. Schon ein florentinischer Dante-Kommentar des 14. Jahrhunderts (herausg. von Fanfani in der Collezione di opere inedite o rare Bd. 15, Bologna 1874) sagt (3, 120): Caesar verfiel als Imperator in Üppigkeit und Habsucht; la justizia di dio, che non comporta Cesare in quella sedia, mise in cuore a senatori di doverlo uccidere. Eingehend wird diese Frage erörtert im Sinn Dante's von Salutati, im republikanischen Sinn von Lionardo Bruni (Klette 2, 20 f. 61 f. 68 f. 91 ff. Aber auch ein Monarchist wie Pontano charakterisirt die Herrschaft Caesar's als Tyrannis (De obedientia 5. 3, Opera, Basel 1566, 1, 123). Vgl. auch Baptista Mantuanus, De mundi calamitatibus 2 (Straßburg 1515 f. EE IV ᵇ): et tu Magne

dies Alles ist nicht etwa leeres Gedankenspiel, sondern aus der lebendigen Überzeugung herausgewachsen, daß Florenz und seine Bürger unbestritten den ersten Rang in der Welt zu beanspruchen hätten. Neben solchem Hochgefühl kommen die Zeugnisse republikanischer Gesinnung aus andern italienischen Städten nicht auf, zumal wenn sie, wie in Mailand, der Erbitterung über den Druck der Tyrannis und nicht der Liebe zu einer von den Vätern ererbten Freiheit entstammen[1]. Venedig aber war eine abgeschlossene Welt für sich; den kühlen Hochmuth seines „auserwählten Volks"[2] vergalten die Festlanditaliener meist mit herzlicher Abneigung.

In Wirklichkeit war freilich eine siegreiche Behauptung oder gar Ausbreitung des republikanischen Gedankens auch von den Florentinern des 15. Jahrhunderts nicht mehr zu erwarten. Schon die Selbsterniedrigung, mit der die Republik damals um die Gunst der französischen Krone buhlte[3], ist ein Zeichen der inneren Schwäche, aber nur eines von vielen. Denn neben jenen lobpreisenden Stimmen lassen uns bittere Klagen die Kehrseite des

---

Quiritum maxime, quo Cesar fortuna et crimine tantum clarior est. Selbst Loschi rügt den übermäßigen Ehrgeiz Caesar's (G. da Schio, Sulla vita e sugli scritti di A. Loschi, Padua 1858, S. 194 f.). Die florentinischen Republikaner legten besonderen Werth darauf, daß ihre Stadt von den Römern noch zur Zeit des Freistaats und vor der verbrecherischen Antastung seiner Unabhängigkeit gegründet worden sei, vgl. Klette 2, 91 f. Über das Herabsinken des alten republikanischen Imperatorennamens zum Titel einer Tyrannis vgl. Muratori 20, 574 ff.

[1] Über die Stellung von Männern wie Pier Candido Decembri und Filelfo zur „ambrosianischen Republik" vgl. neuerdings Borja im Archivio storico lombardo 20 (1893), 367 ff. und Gabotto im Giornale ligustico 20 (1893), 246; über Cola Montano und seine Schüler Burckhardt 1³, 57 f.; Arch. stor. ital. 3. 22, 291 ff. Die republikanische Begeisterung der Mailänder im Jahr 1447 schildert Simonetta als eine leidenschaftliche, adeo ut non minus ab unius dominatione quam a teterrima peste abhorrerent (Muratori 21, 398). Ein Reformprogramm Bruni's „für Rom und die Welt" vom Jahre 1442 kommt auf den antimonarchischen Zug der Italiener zurück (Arch. della società romana di storia patria 3, 87 A. 2.

[2] Vgl. Muratori, Rer. ital. scriptores 22, 950.

[3] Vgl. z. B. Buser, Die Beziehungen der Mediceer zu Frankreich (Leipzig 1879) S. 34 f. 52 f.

wirthschaftlichen Aufschwungs und des republikanischen Staats=
lebens erkennen, wie sie gerade in Florenz am grellsten zu Tage
trat. Eine in Zersetzung begriffene Klassenherrschaft[1]), offen=
kundige Korruption der kämpfenden Faktionen, der Grundsatz
herrschend, daß dem Sieger die Beute gehört, das Vertrauen in
die Handhabung des Rechts tief erschüttert: das Alles scheint
eher eine kommende Revolution anzukündigen. Da überrascht
nun eine bereits von Jakob Burckhardt betonte Erscheinung in
der Geschichte der italienischen Renaissance. Es fehlt hier im
Gegensatz zu der sozialen Gärung, die in Frankreich, England
und Deutschland eine Folge von Erschütterungen verursacht hat, ein
Massenradikalismus, eine große, nicht lokal begrenzte Bewegung
der breiten Volksschichten[2]). Wir hören in Italien von allen erdenk=
lichen Gräueln des republikanischen Parteikampfs oder der siegreichen
Tyrannis, auch von einzelnen Rebellionen und Verschwörungen,
aber von keinem Schlagwort, das für die Unzufriedenen, Ver=
folgten und Bedrückten zum gemeinsamen Schlachtruf geworden
wäre. Die staatliche Zersplitterung allein kann hiefür nicht die
Erklärung liefern, denn sie bestand bis zu einem gewissen Grad
auch in Deutschland, wo trotzdem am Ausgang des Mittelalters
sich eine immer weiter greifende Revolutionsstimmung entwickelt
hat. Aber in Deutschland, wie vorher in Frankreich und
England, fand die Revolution ihren besten Nährboden in den
agrarischen Verhältnissen, während in manchen Gebieten Italiens
eine frühzeitige Bauernbefreiung diese Gefahr beschworen zu haben
scheint. Und die Kraft der mächtig emporbrängenden städtischen
Demokratieen zerrieb sich rasch in einer Ruhelosigkeit des politischen
und sozialen Lebensprozesses, wie sie Dante in dem berühmten
Bild von dem fortwährend seine Lage wechselnden Kranken un=
übertrefflich wiedergibt. Die große politische Leidenschaft vernutzte

---

[1]) In einer Rede, die Cavalcanti (Istorie fiorentine 3. 2, Ausg. Florenz
1838: 1, 74 ff.) den Rinaldo degli Albizzi vor den maßgebenden Männern
der Regierung halten läßt, heißt es geradezu: Voi siete il Comune;
weiterhin: quello che per voi si farà, farà il Comune, perchè il Comune
siete voi.

[2]) J. Burckhardt, Die Kultur der Renaiss. in Italien 1⁵, 60; 2⁵, 96.

sich und kam aus der Mode; auch jene mystischen Flammen, die im 13. und 14. Jahrhundert italienische Seelen durchglüht hatten, schienen in sich zusammenzusinken[1]).

Freilich, die Entdeckung des klassischen Alterthums durch die Humanisten und das herrlichste Erzeugnis jener städtischen Kultur, die Kunst, brachte neue Gegenstände und Formen der Begeisterung. Aber diese Welt der Forschenden, Schaffenden und Genießenden war von Natur aristokratisch. Sie konnte und wollte nicht auf die Massen wirken gleich der elementaren Kraft politischer, religiöser, sozialer Bewegungen; sie kehrte sich vielmehr ab vom gemeinen Volk, dessen Leben und Sterben Petrarka einmal für ganz gleichgültig erklärt[2]), und sie trug keineswegs immer, aber doch nicht selten dazu bei, in den ihr angehörigen Menschen, die ihr ganzes Dasein über das Hergebrachte und Gewöhnliche hinausgehoben fühlten, auch die Theilnahme am Staat und seinem Schicksal abzuschwächen. Hier, im Reich der Musen und der Schönheit, schien sich ein Asyl für ruhebedürftige Geister zu öffnen, die, vom Parteigetriebe angewidert, „zu sich selbst zurückkehrten"[3]). Es war die neue Weltflucht eines Individualismus,

---

[1]) Das 15. Jahrhundert erlebte freilich noch einmal einen Aufschwung des mystischen Geistes, und zwar in doppelter Gestalt, im Kreis der florentinischen Platoniker und in der Anhängerschaft Savonarola's. Aber die platonisirende Mystik des Humanismus ist doch von der mittelalterlichen grundverschieden und der „Gegensatz zwischen Volksreligion und freier Bildung" (H. Hettner, Italienische Studien, Braunschweig 1879, S. 166) ein unbestreitbarer Charakterzug der Renaissance.

[2]) Petrarca, Invectiva in medicum 2.

[3]) Vgl. Vespasiano da Bisticci: Vite di uomini illustri 3 (Bologna 1893), 135 f. (im Leben des Agnolo Pandolfini: ritrarsi dallo stato e attendere alle lettere e al comporre; rivocare la mente a' sensi e ritornare a se medesimo; alienarsi in tutto dalla repubblica). Enea Silvio über zwei Jünglinge in Siena, denen sein Vater abrieth, in Fürstendienste zu gehen: domi manere et sibi et Musis vivere decreverunt (Aen. Sylvii Opera, Basel 1571, S. 720 f.). Bittere Bemerkungen über sein vergebliches Bemühen, auf diesem Weg dem Unglück zu entrinnen, bei Alberti (Opuscoli morali, Venedig 1568, S. 111 f.). Dagegen preist er die ausschließliche Hingabe an die bonae artes als beste Lebensweisheit in dem Dialog Fatum et fortuna (Alberti, Opera inedita, Florenz 1890, S. 139 f.).

der keineswegs gewillt war, abzudanken, wie das Mönchthum, sondern sich vor Abhängigkeit und Verkümmerung zu bewahren strebte. Man begreift, daß in humanistischen Kreisen die Streitfrage über den Vorzug des thätigen oder des beschaulichen Lebens immer wieder zur Verhandlung kam[1]), und daß uns gerade in Florenz nach dem Sieg der Demokratie bei manchen hervorragenden Menschen Stimmungen eines wahren Staatsüberdrusses begegnen. Wenn im Garten der Familie Gaddi die bekannte alte Inschrift prangte: Dolus malus abesto et iuris consultus, so war das keineswegs nur als harmloser Scherz gemeint. Denn die allgemein verbreitete Ansicht von der Parteilichkeit und dem Eigennutz der Gerichte bot eines der wirksamsten Motive zur Entfremdung vom Staat, und man sah wohl bereits in diesem Verfall der Rechtspflege ein charakteristisches Merkmal der Volksherrschaft[2]), womit die Unsicherheit und Gehässigkeit des Parteiregiments nur zu sehr im Einklang zu stehen schien. Diesen uomini singolari, diesen echten Söhnen einer unternehmenden und scharf urtheilenden Rasse mag es oft genug zur Askese geworden sein, eine Behutsamkeit des öffentlichen Auftretens zu üben, wie sie gegenüber der reizbaren demokratischen Mißgunst geboten war. Mancher zog es vor, sich lieber dem Staat ganz zu versagen, wie der offenherzige Humanist Niccoli, der die ihm angetragenen Ämter als „Mahl für Geier" ablehnte[3]). Und den gleichen Abscheu vor der Theilnahme an den Staatsgeschäften athmen jene heftigen Auslassungen, die in einem Traktakt des Leon Battista Alberti dem vornehmsten Träger des Dialogs in den Mund gelegt sind. Er kann gar nicht genug

---

[1]) Schon Coluccio Salutati hatte der Verherrlichung der Beschaulichkeit durch Petrarca einen (unvollendeten) Traktat De vita associabili et operativa entgegengesetzt (Epistolario di Col. Sal., herausg. von Novati, 3 Bde., Rom 1891—96, 1, 156; vgl. 2, 453 ff.; 3, 303 ff.). Alberti's Schriften kommen immer wieder auf diese Frage zurück. Ihre berühmteste Erörterung in den Quaestiones Camaldulenses des Landino, wo Alberti die Sache des beschaulichen, Lorenzo be' Medici die des thätigen Lebens führt.
[2]) Vgl. Chiapelli im Arch. stor. ital. 4. 15, 35 ff.; besonders S. 45.
[3]) Vesp. da Bisticci, Vite 3, 83.

Worte finden, um die Theilhaber an der Regierung, die „Staats=
menschen", als Räuber, Schurken und Narren zu brandmarken und
ihrer „Bestialität" und eingebildeten Ehre den anständigen und ver=
nünftigen Mann gegenüberzustellen, der der Politik fernbleibt und
für sich und die Seinen sorgt. Es fehlt freilich nicht an einer
Entgegnung, worin im Interesse des Vaterlands und des eigenen
Ruhms gerade dem tüchtigen Mann die politische Bethätigung
zur Pflicht gemacht wird, aber der erfahrene alte Warner läßt
sich seine quietistische Lebensweisheit nicht ausreden und kommt
bei der Erörterung des Lebens auf der Villa noch einmal darauf
zurück. In den Städten, meint er, sind die Werkstätten jener
großartigen Träume vom Staat, Regiment und Ruhm; auf der
Villa finden wir Ruhe, Seelenfrieden, Freiheit des Lebens und
gute Gesundheit[1]).

Wir müssen bedenken, daß das reiche und hochbegabte Ge=
schlecht der Alberti gleich so vielen andern das Brod der Ver=
bannung gegessen hatte. Hier konnte sich zuerst ein Kosmo=
politismus entwickeln, der dann später von manchen Humanisten
und Künstlern nicht als Nothbehelf, sondern als Vorrecht des
Genius in Anspruch genommen und verherrlicht worden ist[2]).
Auch Leon Battista Alberti kommt hierauf zu sprechen. „Man
sagt: Liebe dein Vaterland, liebe die Deinen! Aber man sagt
auch, das Vaterland des Menschen sei die ganze Welt, und der
Weise, der sich jeden Ort zur Heimat machen könne, entfliehe
nicht seinem Vaterland, sondern erwerbe sich nur ein anderes."
Unerläßlich für diese Autarkie des Philosophen ist freilich eine
Bedingung: er muß alle die Orte, Verhältnisse und Personen
meiden, die ihm Störung und Unruhe verursachen könnten.
Daraus ergibt sich vor allem die gute Lehre: „Unter der Menge

---

[1]) Die stärkste Stelle im Traktat von der Familie Buch 3 (L. B.
Alberti, Opere volgari Bd. 2, Florenz 1844, S. 257 ff.); vgl. außerdem
1, 38 f. 56 f. 170 f.; 2, 289; 3, 10 f. 118. 127. 192 ff. Über das Verhältnis
des Traktats von der Familie zu der unter Pandolfini's Namen veröffent=
lichten Schrift vgl. G. Mancini, Vita di L. B. Alberti (Florenz 1882)
S. 258 ff. 553 ff.; Giornale storico della letteratura italiana 8 (1886), 1 ff.

[2]) Burckhardt 1³, 164 f. 196 f.

mußt du nicht stehen oder gehen, sonst wirst du gestoßen"[1]).
Ein Schritt weiter führt uns zu jener offenen Verneinung des
Patriotismus, die Lorenzo Valla in seinem Dialog von der Lust
dem Jünger Epikurs in den Mund legt; hier wird der frei=
willige Tod für das Vaterland als reine Thorheit hingestellt
und der frivole Satz ausgesprochen: maius bonum est mea
vita quam universorum[2]).

Solche Stimmungen, mochten sie humanistischem Selbst=
gefühl oder bitteren Erfahrungen des politischen Lebens ent=
stammen, enthielten bewußt oder unbewußt eine gewisse Recht=
fertigung jener viel gescholtenen Staatsform, die das Bedürfnis
nach Ruhe und Ordnung auf Kosten der unbequemen Freiheit
befriedigte. Von jeher hatten ja italienische Fürstensitze den
vertriebenen und verfolgten Söhnen der Republik Gastrecht ge=
währt, und Petrarca's Beispiel zeigte, wie man auch ohne äußere
Nöthigung zugleich für den antiken Freistaat schwärmen und sich
in der schwülen Luft eines Tyrannenhofs behaglich fühlen konnte.
Ein Zug der Wahlverwandtschaft führte die neue Geistesaristo=
kratie und die auf der Bedeutung der Persönlichkeit ruhende
Tyrannis zusammen, und man begegnete sich leicht in gemein=
samer Verachtung der in den Republiken schaltenden „Schuster
und Schneider" und des von schlauen Egoisten geköderten großen
Haufens[4]). Selbst ein charakterfester Republikaner wie Boccaccio,

---

[1]) Alberti, Opere volgari 1, 35.
[2]) Darüber, daß dies nicht die Ansicht des Verfassers wiedergibt, vgl.
Mancini, Vita di Lor. Valla (Florenz 1891) S. 55. Alberti beruft sich
gelegentlich auf Epikur (Opp. volg. 1, 39; 2, 150).
[3]) Vgl. die Auseinandersetzung über den natürlichen Zug des Humanis=
mus zur Monarchie und insbesondere zum modernen absolutistischen Staat bei
Koerting, Petrarca's Leben und Werke (Leipzig 1878) S. 315 ff.; namentlich
S. 318 f.: „moderne Menschen, wie sie der Humanismus bildet, streben durch
innere Nothwendigkeit der Monarchie zu, welche ihnen, da sie den Einzelnen
von den Geschäften der Allgemeinheit entlastet, behaglichere Muße und freieren
Spielraum der Thätigkeit gewährt".
[4]) Vgl. Unser S. 21. Darüber, wie auch auf den ursprünglich gut
demokratischen Boccaccio die Schattenseiten des Florentiner Regiments ver=
stimmend gewirkt haben, vgl. Macri=Leone, La politica di Giov. Boccaccio

der die Verbindung seines verehrten Meisters Petrarca mit den Visconti so unumwunden verurtheilte, fühlte sich innerlich abgestoßen von dem „Schmutz" des florentinischen Parteiregiments. Und einem Tyrannenhasser wie Salutati entschlüpfte doch gelegentlich das Wort, jeder, auch der kleinste Freistaat sei ein vielköpfiges Ungeheuer[1]). Während die Vorstellung von einem fortschreitenden Verfall der Bürgertugend längst für viele städtische Politiker und Moralisten zum Glaubenssatz geworden war[2]), konnte sich mancher grundsätzliche Gegner der Fürstenherrschaft der Bewunderung nicht erwehren, die ihm der eine oder andere der zeitgenössischen Miniaturcaesaren abnöthigte. In diesen ausgesprochenen Individualisten war das Wort lebendig, das Machiavelli seiner Idealfigur eines Tyrannen in den Mund legt: „Gott ist ein Liebhaber der starken Menschen, denn wir sehen, daß er stets die Ohnmächtigen durch die Mächtigen züchtigt"[3]).

Die politischen Umgestaltungen und Machtverschiebungen des 15. Jahrhunderts waren nicht dazu angethan, den Glauben an die eigene Zukunft in den Republiken zu beleben. Alles schien

---

(Giorn. stor. della lett. it. 15, 83 ff. 106 ff.). Das Schlimmste wird in einer Invektive dem Niccolò Niccoli in den Mund gelegt: Populares omnes mediocris fortunae homines, sine quibus omnino civitas stare non potest, lutulentos sues atque ultimam fecem appellas: cum etiam priores et collegas, quibus omnis nostra rei publicae innititur gubernatio, cloacam fetidam soleas appellare (ebenda 24, 177). Die Verachtung der Masse war übrigens in den höheren Schichten des Florentiner Bürgerthums längst traditionell; vgl. z. B. Giov. Villani 12, 43; Goro Dati, Istorie fiorentine S. 81 f.; ferner Giov. Cavalcanti, Istorie fiorentine 1, 1; Besp. da Bisticci 3, 128; volksfeindliche Verse des Niccolò da Uzzano im Arch. stor. ital. 1. 4, 298 ff.

[1]) Epistolario di Col. Salutati 1, 193 f. Vgl. Pontano, De obedientia 4. 2 (Opera 1, 88).

[2]) Vgl., um von Dante abzusehen, z. B. Matteo Frescobaldi (Rime di Cino da Pistoia, herausg. von Carducci, Florenz 1862, S. 259).

[3]) Über Machiavelli's Vita di Castruccio Castracane vgl. Villari 3², 69 ff. Charakteristische Äußerung eines Mediceerfeindes über Lorenzo (Ricordi storici di Filippo Rinuccini, fortgesetzt von seinen Söhnen, Florenz 1840, S. CXLVII): da questa grandezza d'ingegno mosso — si mise nello animo — come Julio Cesare insignorirsi della repubblica.

vielmehr der Monarchie entgegen zu drängen, freilich nicht der gesicherten und durch die Zeit geheiligten Herrschaft eines alten Geschlechts, sondern der Eroberung und Behauptung der Gewalt durch den Klügsten und Stärksten.

Jene Stimmen freilich, die in Giovanni Galeazzo Visconti den künftigen Herrscher Italiens begrüßten, kamen alle von Leuten in mailändischem Sold; in diesem Kreis entstanden auch Loschi's Invektive gegen Florenz und die Tendenzschrift eines Ungenannten, in der die Republik Genua dem Herzog von Mailand ihre Unterwerfung anträgt[1]). In der literarischen Fehde zwischen Mailand und Florenz tritt wiederholt das Gefühl zu Tage, daß es sich um einen Kampf auf Leben und Tod handelt. Eine von den florentinischen Vertheidigungsschriften, die des Cino di Rinuccini, athmet noch die alte Zuversicht auf den endlichen Sieg seiner Republik, die den verhärteten Sklavensinn der Lombarden brechen und ganz Italien unter dem Zeichen der Freiheit vereinigen wird. Dagegen erscheint in einer Schrift des greisen Salutati Florenz als letztes Bollwerk der republikanischen Sache, schwer bedroht von dem siegreichen Anfturm der Tyrannis, dem eine Stadt nach der andern erlegen ist; der Fall von Florenz wäre gleichbedeutend mit der Verknechtung ganz Italiens; lieber soll die Erde sich aufthun oder eine neue Sündfluth hereinbrechen, als ein solcher Gräuel geschehen[2]). Das ist die Sprache eines Fürchtenden, nicht eines Hoffenden.

---

[1]) Vgl. vor allem D'Ancona, Studj di critica e storia letteraria (Bologna 1880) S. 42 ff., und A. Medin, I Visconti nella poesia contemporanea (Arch. stor. lombardo 18 [1891], 758 ff.; hiezu die Besprechung im Giorn. stor. della lett. ital. 19, 397 ff.). Das Wachsthum des Zugs zur Monarchie im 14. Jahrhundert charakterisirt bei D'Ancona, a. a. O. S. 33 ff.; Studj sulla lett. ital. de' primi secoli (Ancona 1884) S. 122 ff. Vgl. auch Giornale ligustico 13 (Genua 1886), 401 ff.; 20 (1893), 205 ff.; über einen literarischen Parteigänger wie Serdini (Saviozzo) aus Siena Giorn. stor. della lett. ital. 15, 32 ff.

[2]) Beide Schriften in der Invectiva des Salutati (s. o. S. 435 A. 1). Eine zuversichtliche florentinische Canzone: Paradiso degli Alberti 1, 2, 435 ff.; vgl. auch Arch. stor. lomb. 18, 788 f. Sehr düster gehalten ein florentinisches Klagegedicht von 1424 (Commissioni di Rinaldo degli Albizzi

Und hier war auch keine Lebensluft mehr für jene in alterthümlichem Gewand auftretenden Phantasiebilder einer politischen und sozialen Erlösung, wie sie damals nördlich der Alpen in der volksthümlichen Literatur umgingen. Dort eine apokalyptisch gefärbte Hoffnung auf das Kommen eines wunderbaren kaiserlichen Messias oder auf die unverdorbene und rettende Kraft des niederen Volks, vor allem des Bauern; hier in Italien von einer Idealisirung des kleinen Mannes keine Spur[1]), Prophetie und Kaisersage des Mittelalters fast ganz überwunden und zurückgedrängt durch den Rationalismus einer neuen Kultur, die gelernt hatte, die irdischen Dinge ohne das Medium religiöser Voraussetzungen zu betrachten. Daher der vergängliche Widerhall, den die Stimme eines Savonarola hervorzurufen vermochte, als sie noch einmal die Vergangenheit heraufbeschwor. Eine solche enthusiastische Selbstentwaffnung, wie sie die höheren Stände in Frankreich vor der Revolution unter dem überwältigenden Eindruck des Rousseau'schen Evangeliums vollzogen haben, war bei diesen italienischen Utilitariern völlig ausgeschlossen.

Denn wir dürfen nicht vergessen, welchen eigenthümlichen Einfluß hier neben und vor den Lehren des Humanismus die Gewöhnung an städtische, bürgerliche, geldwirthschaftliche Formen des Daseins geübt hatte. Eine Generation, der es natürlich geworden war, sich die Ausgaben für das Heer als ein kostspieliges, aber schließlich vortheilhaftes Geschäft zurechtzulegen oder gar die göttliche Weltregierung mit der umsichtigen Organisation eines großen Handlungshauses zu vergleichen[2]), trat mit ihrem Geist

---

2, 80 ff.), das der Bürgerschaft das Schicksal von Jerusalem und Sagunt als warnendes Beispiel vorhält.

[1]) Vgl. eine Bemerkung von E. Münz, Histoire de l'art pendant la Renaissance 1 (Paris 1889), 8 f. Über scharfe Beobachtung sowie über ironische und humoristische Verwerthung des kleinen Manns in der italienischen Literatur des 15. Jahrhunderts vgl. Burckhardt 2³, 70 ff.; Gothein, Die Kulturentwicklung Süditaliens (Breslau 1886) S. 366 ff.

[2]) Vesp. da Bisticci 2, 39: L'onnipotente Iddio fa come uno maestro d'uno trafico u. s. w.; Muratori 22, 957 f. Über die Beeinflussung der Denkweise „durch die Veränderungen in der bürgerlichen Gesellschaft" vgl. Dilthey im Archiv für Gesch. der Philosophie 7 (1894), 42 f.

merkantiler Berechnung auch an die höchsten politischen Fragen heran. Jener demokratisch=kaufmännische Zug des Mißtrauens und der Ordnung, den man in der florentinischen Verwaltung hat finden wollen[1]), eignet keineswegs nur den Demokratieen oder dem republikanischen Staatswesen der Renaissance. Wie der italienische Heerführer, der Condottiere, als großer Unternehmer den Krieg in ein Geschäft verwandelte, mit der feinen Witterung eines modernen Börsenmanns die Partei wechselte oder wohl gar den Preis für einen zu erwartenden Sieg vorher aus= machte, so mußte wohl oder übel auch der italienische Fürst in seinen Finanzen den wahren Lebensnerv seines Staats erkennen und pflegen[2]). Dieser Geist des Rechnens, der Voraussicht und Überwachung, der sich in dem zentralisirten fürstlichen Staat noch vollkommener zur Geltung bringen konnte als unter dem Druck und Gegendruck republikanischer Parteiung, ließ eben das wohlgeordnete Gemeinwesen als ein Kunstwerk erscheinen und bewundern[3]) und die Meinung aufkommen, daß der Staatskünstler durch sinnreiche Vorkehrungen vor Allem die störenden Eingriffe menschlicher Leidenschaft und Schwäche, vielleicht sogar bis zu einem gewissen Grade die unberechenbare, von dem blinden Schicksal,

---

[1]) Vgl. Arch. stor. ital. 5. 12, 448.

[2]) Vgl. z. B. Morbio, Codice Visconteo-Sforzesco (Mailand 1846) S. 278 (intratas nostras, quos nervos status nostri reputamus); S. 340 (intratae nostrae, quae sunt principales partes et nervi status nostri).

[3]) Burckhardt's berühmtes Wort vom Staat als Kunstwerk (vgl. besonders 1², 4; 81 ff.; hiezu Symonds, Renaissance in Italy 1² [London 1897], 157) ist keineswegs so zu verstehen, als hätte die Staatstheorie der Renaissance diese Auffassung mit vollem Bewußtsein und ausschließlich ver= treten. Sie hält sich vielmehr im Ganzen an die organische Staatslehre, verwerthet aber, wie dies ja auch im Alterthum geschehen war, nebenher die Analogie zwischen der Zweckmäßigkeit staatlicher Ordnung und der Harmonie des Kunstwerks, zwischen der überlegten Thätigkeit des Gesetzgebers oder Staatsmanns und dem Schaffen des Künstlers (vgl. Aristoteles, Polit. 7, 3. 4. 12 ff.). Der ebenfalls antike Vergleich des Staats mit einem Schiff vielfach wiederholt, von Alberti geistvoll ausgeführt im Dialog Fatum et fortuna (Opera inedita S. 138 ff.).

der Fortuna, drohende Gefahr beschwören könne[1]). Ein solches Raffinement des Wahlverfahrens, wie es in Florenz und namentlich in Venedig ausgeklügelt worden ist, liefert hiefür das schlagendste Beispiel, und das System eines Gleichgewichts der italienischen Mächte schien eine Zeit lang für die ganze Halbinsel den dauernden Segen einer in den Händen der Techniker ruhenden politischen Kunst verbürgen zu sollen.

Es mag seltsam erscheinen, daß die Verbindung von scharfer Beobachtung der Wirklichkeit und unermüdlicher Lust am Konstruiren, wie sie uns in der Thätigkeit der italienischen Politiker entgegentritt, in der Literatur so wenig Spuren zurückgelassen hat, ehe Machiavelli die Geheimnisse der Kunst der Welt zu enthüllen wagte. Noch seltsamer ist vielleicht die Thatsache, daß die Humanisten, die ja eben die staatstheoretischen Schriften des Platon und Aristoteles im Original und in Übersetzung zugänglich machten, sich nicht zu einer ernsthafteren Beschäftigung mit diesem Vermächtnis des Alterthums getrieben fühlten. Platons Idealstaat war doch selbst dem Mittelalter nicht ganz unbekannt gewesen, aber trotzdem begnügten sich seine schwärmerischen Verehrer im 15. Jahrhundert, vor den politischen Phantasieen des Meisters, die Ficino als ein himmlisches Jerusalem auf Erden bezeichnet, ihre bewundernde Verbeugung zu machen, ohne hier die vom Alterthum vorgezeichnete Bahn zu verfolgen[2]). Die

---

[1]) Vgl. z. B. die Auslassungen gegen die Abhängigkeit von der fortuna bei Alberti, Opere volgari 2, 10. 15: saremo adunque sempre di questa opinione — che nelle cose civili e nel viver degli uomini più di certo stimeremo vaglia la ragion che la fortuna, più la prudenzia che alcuno caso.

[2]) Vgl. Ficino's Argumentum vor seiner Übersetzung der platonischen Republik. Ein älterer Übersetzer, Uberto Decembri, fand in dem Werk Dinge, quae, licet possibilia iudicentur, a publicis tamen moribus longe distant (Giorn. ligust. 20, 102). Gegen Platon's Auffassung wendet sich in einem einzelnen Punkt Alberti 1, 11. Über den Radikalismus des platonischen Ideals (civilem aliquam societatem novam ac commentitiam finxit) äußert sich Patrizzi, De instit. rei publ. 1, 2: fecit nempe Plato ut bonus architectus, qui demoliri mavult male aedificatas — aedes easque solo adaequare quam instaurare atque emendare; vgl. auch 4, 1. — Die

eigenen Leistungen, die der Humanismus auf dem Gebiet der Staatstheorie aufzuweisen hat, gehören zweifellos zu den schwächsten Seiten dieser neuklassischen Literatur; sie halten sich entweder auf den ausgetretenen Wegen der sonst so überlegen abgefertigten kirchlichen Wissenschaft oder verfallen mit ihren zusammengetragenen Entlehnungen aus der antiken Moralphilosophie der reinen Nichtigkeit der Phrase. Man könnte angesichts dieser reichlichen Ergüsse über Pflicht und Tugend zu der irrigen Annahme verführt werden, daß die Humanisten von dem politischen Getriebe ihrer nächsten Umgebung nichts gesehen oder gehört hätten. Und doch standen die meisten von ihnen entweder im persönlichen Verkehr mit den Machthabern oder geradezu im Staatsdienst, als Sekretäre, Kanzler, Diplomaten. Aber auch bei so welterfahrenen Virtuosen der Beobachtung und Schilderung wie bei Poggio oder Enea Silvio ist von dieser Fähigkeit nichts mehr zu spüren, sobald sie es unternehmen, politische Dinge theoretisch zu behandeln[1]). Kaum daß Enea Silvio einmal den Satz hinwirft, keine Regierung könne ohne Ungerechtigkeit durchkommen, worauf ihm der Angeredete, Valla, sofort entgegenhält, das sei eben die bekannte Staatsmaxime gewissenloser Fürsten[2]).

Es ist bezeichnend, daß wir eigentlich nur bei dem Diener eines solchen Fürsten, bei Pontano, eine erfrischende Berücksichtigung der Wirklichkeit antreffen, die seine politischen Traktate trotz ihrer systematischen Schwächen über das Niveau humanistischer Gewöhnlichkeit hinaushebt[3]). Der langjährige Minister des aragonesischen Königshauses räumt neben den endlosen Beispielen und Anführungen aus der antiken Geschichte und Literatur

---

Staatslehre des byzantinischen Neuplatonikers Plethon scheint auf Italien ebensowenig eingewirkt zu haben, wie seine rein heidnische Religion; vgl. F. Schultze, G. G. Plethon und seine reformatorischen Bestrebungen (Jena 1874) S. 269 ff. Über die Vertheidigung der platonischen Staatstheorie gegen die Angriffe des Georgios Trapezuntios vgl. Vast, Bessarion (Paris 1878) S. 359.

[1]) Villari, Macchiavelli 2², 248 ff.
[2]) Mancini, Vita di Lorenzo Valla (Florenz 1891) S. 259 f.
[3]) Vgl. Gothein, a. a. O. S. 553 ff.

auch den eigenen Lebenserinnerungen einen bedeutsamen Platz
ein, und wir fühlen uns hier und da bereits in die Atmosphäre
Machiavelli's versetzt, so wenn er dem Fürsten Pflege der Gerechtigkeit und Frömmigkeit wegen der öffentlichen Meinung empfiehlt,
oder wenn er es auszusprechen wagt, daß in schwierigen Lagen
die honestas hinter der utilitas publica zurückstehen müsse, und
daß man z. B. vor einer Lüge zum Besten des Staats nicht
zurückschrecken dürfe[1]). Pontano zeichnet nicht nur den Herrscher,
sondern namentlich auch den Beamten seiner Zeit nach dem Leben,
mit vielen feinen Zügen. Noch werden die äußersten Folgerungen
vermieden; wir finden hier kein Lob der politisch vortheilhaften
Grausamkeit, keine Ermahnung, dem Staatsinteresse selbst das
eigene Seelenheil zu opfern[2]). Aber die fast völlige Abwesenheit
religiöser oder wenigstens kirchlicher Gesichtspunkte gibt doch jener
vorsichtigen Verherrlichung der utilitas bei Pontano erst den
rechten Hintergrund. Nicht als ob eine solche Abkehr vom
Supranaturalismus des Mittelalters ihm allein eigen wäre; sie
begegnet uns auch bei humanistischen Theoretikern, die ihre Weisheit lieber aus dem Alterthum schöpften als aus dem Leben der
Gegenwart. Antike Überlieferung gab ihnen die Gewißheit, daß
der Staat, der die Bestialität des Naturzustandes ablöste, von
den Menschen ihres Nutzens wegen „erfunden" worden sei, freilich kraft eines natürlichen Triebs zur Gemeinschaft[3]). Und

---

[1]) Nihil enim ad conciliandos subiectorum animos tam valet
quam iustitiae ac divini cultus opinio (de principe, opp. 1, 257); vgl.
De obedientia 4, 6. 10. 12. 14 (ebenda S. 57 ff. 104 ff.); die Lüge im
Staatsinteresse schon bei Platon für zulässig erklärt (De republ. 389 B).

[2]) Bekannte Äußerung des Gino Capponi; über ihre Verwerthung bei
Guicciardini vgl. Villari, Machiavelli 2², 266; über Capponi's Rathschläge
wegen der Kirchenspaltung Perrens, Histoire de Florence 6 (Paris
1883), 229.

[3]) Vgl. z. B. Alberti, Opere volgari 3, 123; Franc. Patricii de
institutione rei publicae 1, 3: Civilem societatem, quam civitatem
appellamus — hominum inventum esse utilitatis gratia duce natura
nequaquam mihi ambigendum esse videtur (Straßburg 1608 S. 16 f.);
Pontano, De obed. 4, 2 (Opp. 1, 89 f.). Im 1. Buch der Quaestiones
Camaldulenses läßt Landino den Alberti sagen: Nam viros sapientes,

wie bei der Entstehung des Staats fehlt auch bei der Erörterung seines Zwecks oder seiner Zwecke der Blick nach oben. Die iustitia erscheint trotz aller Betheuerungen nicht mehr als das höchste Ziel; es tritt vielmehr die allgemeine Wohlfahrt beherrschend in den Vordergrund, und neben ihr erscheint gelegentlich der Ruhm als ebenbürtig, „der sich auf das Ewige richtet, gleichwie die Seele unsterblich ist"[1]). Es ist rationalistische Luft, die uns anweht; in ihr vermochte der Geist eines Machiavelli zu athmen und sich frei zu bewegen. Aber schon Pontano wird von dem Bewußtsein getragen, etwas durchaus Neues zu bieten, wenn er die bisher unterschätzte obedientia als wichtigste Grundlage jeder menschlichen Ordnung aufzuweisen sucht. Alleinige Norm bei diesem Unternehmen ist ihm die Vernunft, denn, bemerkt er, „was man von den Engeln und Dämonen vorbringt, das zu betrachten überlasse ich den Theologen"[2]).

Der Rationalismus des Alterthums hatte sich nicht mit der Erkenntnis der staatlichen Wirklichkeit zufrieden gegeben, sondern auch die Konstruktion eines idealen Gemeinwesens gefordert und versucht. Trotz gewisser Analogien der Zustände und der Denkart

---

qui et ante urbes conditas mortales prius per agros ac sylvas sparsim vagantes in unum coegere et coactos legibus erudire, oportuit, priusquam rem tentarent, ea diligenter investigare, quae et utilia essent et maxime naturam humanam attingerent. Auch den vorher von Lorenzo gebrauchten Vergleich des Staats mit einem Organismus (ecquis ignorat animanti rem publicam simillimam esse? vgl. oben S. 447 A. 3) benutzt Alberti zu gunsten seiner Ansicht von dem höheren Rang des beschaulichen Lebens. Dieser Vergleich findet sich auch bei Alberti selbst (Opuscoli morali, Venedig 1568, proemio zum Momus; der Fürst come mente et anima modera tutto il corpo della republica) und bei Porcaro (Scelta 141, 31): questo corpo civile, nel quale è infusa la Repubblica come forma ed anima movente. Über den Zweck des Staats vgl. Alberti (3, 18. 21): Freiheit, Ruhe, Glück der Bürger; Porcaro (a. a. O. S. 39 ff.): per avere la necessità della vita, per repellere e schifare le cose nocive, e per lasciare fama perpetua; dieser Dreitheilung entsprechen Reichthum, Macht und Ehre des Staats, wodurch er sich dem sommo bene und dem höchsten menschlichen Glück annähert.

[1]) Scelta 141, 43.
[2]) De obedientia 1, 1 (S. 5 f.).

lag der italienischen Renaissance eine sozialistische und kommu=
nistische Geistesrichtung, wie sie in den Weltverbesserungsplänen
der griechischen Philosophie zum Ausdruck kommt, vollkommen fern;
einem humanistisch gebildeten Nordländer, Thomas Morus, blieb es
vorbehalten, den folgenreichen Schritt zur Utopie zu thun. Und
dennoch stoßen wir bei den italienischen Schriftstellern des 15. Jahr=
hunderts auf eine Erscheinung, die uns an jene ferne Zeit er=
innert, da in Hellas der herrschenden republikanischen Gestaltung
und Auffassung des Staats eine literarische Strömung zu Gunsten
der Monarchie entgegenzuwirken begann. Wie damals geborene
Republikaner, ein Xenophon, ein Isokrates, die verpönte Allein=
herrschaft zu verherrlichen wagen und nicht nur bei Aristoteles,
sondern sogar bei Platon eine sympathische Betrachtung der
monarchischen Staatsform unverkennbar hervortritt[1]), so sehen
wir manche von den besten Söhnen der niedergehenden italienischen
Freistaaten ihr Interesse der Monarchie und dem Herrscher, wie
er sein soll, zuwenden. Alberti, dessen Ansehen bei verschiedenen
Fürsten sein Biograph besonders hervorhebt, schreibt einmal an
den Markgrafen von Ferrara, er habe begriffen, welche Lust es
sei, in einem Staat zu leben, in dem man Ruhe und Seelen=
frieden genießen und einem Vater des Vaterlands und Wächter
der Gesetze gehorchen könne[2]). Das war es eben, was einem
politisch ermüdeten und von geistigen Interessen erfüllten Geschlecht

---

[1]) Vgl. R. Pöhlmann, Gesch. d. antiken Sozialismus u. Kommunismus
1 (München 1893), 477 ff.; Aus Alterthum u. Gegenwart (München 1895)
S. 4 ff. 264 ff. 278 ff.; Grundriß der griech. Gesch. (München 1896²) S. 170 ff.

[2]) Alberti, Opera inedita (Florenz 1890) S. 238; vgl. S. 284. Mit
dem vollkommenen Fürsten beschäftigen sich Lion. Bruni (epp. 9, 1, ed.
Mehus 2, 130 ff.), Alberti (Momus, a. a. O., proemio; s. o. l. 4 S. 119;
hierzu Mancini, Vita di Alberti S. 288 ff.), Marsilio Ficino (vgl. Opp.
[Paris 1641] 1, 721. 771), Francesco Patrizzi (De regno et regis institutione libri 9); über das unvollendete Buch des Enea Silvio und
über die literarische Behandlung der Prinzenpädagogik vgl. Voigt, Enea
Silvio 2, 290 ff.; die Wiederbelebung des klassischen Alterthums 2², 467 f.
Bezeichnend ist die Sympathie für den Toskana bedrohenden König Alfonso
in einem Gedicht des Florentiners Lionardo Dati an seine Landsleute
(Giorn. stor. della lett. ital. 16, 58 ff.).

Republik u. Monarchie in der italienischen Literatur d. 15. Jahrh. 453

als sehnlicher Wunsch vorschwebte, eine Ruhe und Sammlung, die nicht jeden Augenblick vom Lärm der Öffentlichkeit und vom Gewoge des Parteihaders bedroht wurde. In einem demokratischen Freistaat fiel es doch manchmal schwer, sich nach Alberti's Rath vor den Thorheiten der Menge hinter die Bücher zurückzuziehen[1]. Wohl erhoben sich einzelne Stimmen, die den höchsten Aufschwung des Geisteslebens im Alterthum und in der Neuzeit mit dem Segen einer republikanischen Verfassung in Beziehung setzten[2]. Und immer wieder wurde gerade unter dem Einfluß humanistischer Anschauungen der Tyrannenmord als eine Wiedergeburt antiken Hochsinns gefeiert. Aber jener große Gedanke der allgemeinen Wehrpflicht, den nachmals Machiavelli als ein kostbares Erbe des Altertums aufgenommen hat, den die ruhmreiche Geschichte der italienischen Kommunen selbst so vernehmlich aussprach, er war fast ganz verloren gegangen. Einer der radikalsten Politiker des 15. Jahrhunderts, Stefano Porcaro, erörtert in einer Rede vor der Florentiner Signoria ganz akademisch die Frage, ob es vortheilhafter für eine Republik sei, ihre Kämpfe mit dem Aufgebot der eigenen Bürger oder mit dem eigenen Geld, d. h. mit gemietheten Truppen auszufechten, und entscheidet sich für den letzteren Ausweg, der ihm „nützlicher und sicherer" erscheint[3]. Man hatte vergessen, daß die Entwaffnung des Volks eine der ersten Maßregeln der siegreichen Tyrannis zu sein pflegte, daß ein florentinischer Geschichtschreiber einst vermerkt hatte, wie bei dieser Gelegenheit der Tyrann erkennen konnte,

---

[1] Alberti, Opere volgari 1, 42.
[2] Vgl. Lionardo Bruni bei Klette, Beiträge 2, 104 (litterae autem ipsae — quae in omni principe populo semper floruerunt, in hac una urbe plurimum vigent); Aen. Sylvii opera (Basel 1571) S. 726.
[3] Vgl. Scelta di curiosità letterarie 141 (Bologna 1874), 55 ff. (die Reden sind hier dem Buonaccorso da Montemagno beigelegt; vgl. aber Arch. della società romana di storia patria 3 [1880], 78 A. 1. 87; L. Pastor, Gesch. d. Päpste 1, 422 ff.). Charakteristisch ist das Lob der Freiheit vom Gesichtspunkt des Nutzens aus bei florentinischen Regierungsmännern (vgl. die Berathungen vom August 1424 in den Commiss. di Rinaldo degli Albizzi 2, 145: libertas utilior ceteris est; S. 148: quae utilitas in ea sit, experientiam habemus).

„daß die Menschen aus lauter Feigheit schlechter als das Vieh geworden seien"[1]. Freilich, Männer wie Alberti oder Ficino denken nicht daran, wenn sie vom vollkommenen Fürsten sprechen, die Gewaltherrschaft rechtfertigen zu wollen; ebenso wenig der Sienese Patrizzi, der kurz nach einander erst die Republik, dann die Monarchie als die beste Staatsform verherrlicht hat. Der Fürst wird wohl ausdrücklich als Diener des Gemeinwesens bezeichnet, der den Bürgern Freiheit und Ruhe zu gewährleisten und sie zur Glückseligkeit zu führen hat[2]. Das Königthum gilt für einen natürlichen Feind der gesetzwidrigen Tyrannis; sollte, so meint Pontano, der seltene Fall eintreten, daß ein König selbst zum Tyrannen wird, so ist das immer noch weniger gefährlich als das gemeinschädliche Hausen eines Emporkömmlings[3]. Aber diese Scheidung war im damaligen Italien schwer aufrecht zu erhalten, und man gewöhnte sich daran, auch den Gewaltherrscher, wenn er nur bedeutende Eigenschaften besaß, mit milderen Augen anzusehen. So hat der im Dienst der Republik Lucca stehende Jurist Tegrimo die Geschichte ihres ehemaligen Zwingherrn, des Castruccio Castracane, mit sichtlicher Vorliebe für die kraftvolle Persönlichkeit verfaßt. In den Lobsprüchen, die ihm ein Brief aus Pisa deswegen zollt[3], heißt es geradezu, unter Berufung auf so hervorragende Männer wie Phalaris, Dion, Dionysios und vor Allem Caesar, man dürfe über dem Vorwurf

---

[1] Vgl. Matteo Villani 4, 12; 7, 81; unter den Anordnungen der älteren Visconti (Muratori 12, 1040 ff.): quod populus ad bella non procedat, sed domi vacet suis oneribus. Machiavelli sagt über den Krieg der Florentiner gegen Giov. Galeazzo Visconti (Ist. florent. 3, 25): le difese furono animose e mirabili a una repubblica.

[2] Alberti, Opere volgari 3, 17 f.; vgl. auch Momus, a. a. O. S. 116 f.; Ficino, Opera 1, 721 (non dominus legis, sed minister tutorque publicus civitatis). Über den natürlichen Kampf des Königthums gegen die Tyrannis vgl. z. B. das Schreiben von Florenz an den König von Frankreich vom 24. April 1404 (Baluze, Miscellan. 3², 109 ff.).

[3] Muratori 11, 1311. Ein bezeichnendes Phantasiebild ist auch in den Übungsbriefen des Gasparino da Barzizza der edle Tyrann, der nach seinem Sieg aus eignem Entschluß die alte Freiheit wieder herstellt (Gasparini Barzizii et Guiniforti filii opera, Rom 1723, 1, 267 f.).

der Tyrannis nicht die historische Größe totschweigen. Und wenn Machiavelli sich später darin gefiel, die Gestalt dieses Castruccio zu einer Idealfigur umzudichten, so finden wir schon lange vorher sogar Ansätze zum Staatsroman, die freilich im Gegensatz zur Utopie das Bestehende und zwar das lebendige Dasein eines Tyrannenstaats zu idealisiren suchen.

Diese Ansätze stecken in dem wunderlichen Traktat über die Baukunst, den der Florentiner Antonio Averlino, genannt Filarete, als ein literarisches Denkmal seiner Kunsttheorie und Architektenpraxis hinterlassen hat[1]). Der Verfasser ist als Künstler trotz mancher bedeutenden Leistung doch wohl zweiten und als Denker gar keinen Ranges. Aber er besaß den spirito bizzarro fiorentino und in seinem Kopf häuften sich die Eindrücke einer reichen Lebenserfahrung und humanistischer Halbbildung derart, daß er ihnen Luft zu schaffen beschloß und in einem halb pedantischen, halb phantastischen Kunstroman so ziemlich Alles unterbrachte, was er gesehen, gehört, gelesen und gedacht hatte. Auf ihn paßt vollkommen jenes Wort Treitschke's, daß „der Geist der Zeit sich in bilettantischen Schriftwerken meist am getreuesten widerspiegelt"[2]). Nun hat Filarete in dem Traktat neben vielem Andern auch einen Inbegriff seiner politischen Weisheit niedergelegt, die uns deshalb ein gewisses Interesse abgewinnen kann, weil sie sein Ideal, die italienische Fürstenherrschaft, vor Allem als Verkörperung staatlicher Wohlfahrtspflege darstellt.

Schon die Thatsache, daß dieser Architekt des 15. Jahrhunderts bei der Konstruktion einer Idealstadt veranlaßt wird, sich auch mit den politischen und gesellschaftlichen Zuständen ihrer Bewohner zu beschäftigen, ist nicht ohne Bedeutsamkeit.

---

[1]) Antonio Averlino Filarete's Traktat über die Baukunst; herausg. von W. v. Oettingen (= Quellenschriften für Kunstgeschichte N. F. Bd. 3), Wien 1890. Vgl. Jahrbuch d. k. preußischen Kunstsammlungen 1 (Berlin 1880), 225 ff. (Dohme, Fil. Traktat von der Architektur); Oettingen, Über das Leben und die Werke des A. A. genannt Filarete (Leipzig 1888) S. 38 ff.; E. Münz, Hist. de l'art pendant la Renaissance 1 (Paris 1889), 63 f.; Janitschek im Repertorium für Kunstwissenschaft 14 (1891), 312 ff.

[2]) Treitschke, Histor. u. polit. Aufsätze (1865) S. 215.

Sie erinnert uns an den genialen Baumeister Hippodamos von Milet, der in der Blüthezeit hellenischer Kultur zuerst einen künstlerisch planmäßigen Aufbau ganzer Städte in Angriff nahm und zugleich als Staatsphilosoph auftrat[1]). Freilich steht Filarete tief unter einem so erlauchten und, wie es scheint, ihm unbekannten Vorgänger. Aber wie bei Hippodamos der Drang nach schematischer Ordnung und ästhetischer Befriedigung sich nicht bei den Aufgaben seiner Kunst Genüge thut, sondern zum Entwurf einer ebenso wohl berechneten und regelmäßigen staatlichen Organisation fortschreitet, so führt auch die hochentwickelte Kultur der Renaissance zu einem erneuten Bewußtsein des zwischen Staat und Architektur bestehenden Zusammenhangs[2]). Jene stolze „Baugesinnung", die Jacob Burckhardt den damaligen Italienern, und zwar nicht nur einzelnen, sondern auch ganzen Gemeinwesen nachrühmt, steigerte sich manchmal bis zur Leidenschaft, bis zu einer den Wettkampf mit der Antike aufzunehmenden Bauverwegenheit[3]). Und die Lehre des Alterthums, daß der Herrscher durch großartige Bauten seine Macht und Unangreifbarkeit dem Volk vor Augen stellen müsse, war vor allem für den jeder sittlichen Stütze ermangelnden Tyrannenstaat kein leeres Wort, sondern

---

[1]) Aristoteles, Polit. 2, 5; 7, 10. Vgl. L. v. Sybel, Weltgeschichte der Kunst (Marburg 1888) S. 157. 308; H. Kiepert in der Zeitschrift für Erdkunde 7 (Berlin 1872), 338; Th. Ziegler, Die Ethik der Griechen und Römer (Bonn 1881) S. 41 f. 269; O. Hirschfeld in den Berichten der sächs. Gesellschaft der Wissenschaften 1878, 1, 3; Pöhlmann, Sozialismus und Kommunismus 1, 177 f. 264.

[2]) So vor allem bei Alberti (vgl. P. Hoffmann, Studien zu L. B. A. 10 Büchern de re aedificatoria, Leipziger Dissertation, Frankenberg 1883, S. 30), dann bei Filarete (s. u.) und bei Patrizzi.

[3]) Burckhardt, Gesch. der Renaissance in Italien, zweite Auflage, Stuttgart 1878, S. 2 ff. Vgl. die Äußerung des Bonfini, der Filarete's Traktat für Matthias Corvinus in's Lateinische übersetzte, über die Bauthätigkeit dieses Königs: Quis non, si loci ac temporis ratio habeatur, hoc Romanorum principum in aedificando audaciam superasse fateatur? weiter unten: hinc magnam cum Romana antiquitate certandi copiam tibi oblatam esse duxisti (Filarete, ed. Oettingen, S. 31). Vgl. ein Gedicht auf Galeazzo Visconti, in dem es heißt, la rocca e'l coliseo hätten durch seine Bauten an Ruhm verloren (Scelta 77, 33).

ein Gebot der Notwendigkeit. Die Tyrannen waren aus guten
Gründen, wie es einmal von den Visconti heißt, maximi mura-
tores[1]) und ihre Baumeister hatten keineswegs nur für dauernden
Nachruhm zu sorgen. Überdies war ja der Architekt der Renaissance meist auch Ingenieur im weitesten Sinn und damit,
wie Alberti ausführt, die Seele der Vertheidigung und der vornehmste Bürge des Siegs. So mußte der Fürstenhof immer
mehr zur rechten Heimstätte dieser mit der Politik verwachsenen
Kunst werden; hier konnte man am sichersten sein, große Aufgaben und leicht flüssige Mittel zu finden[2]).

Aber Alberti sieht nicht nur in dem Architekten einen unent-
behrlichen Mitbegründer der „Beständigkeit, Würde und Schönheit
eines Staatswesens"; er läßt einmal das geordnete Zusammen-
leben der Menschen überhaupt aus dem Zwang des Zusammenlebens
unter Dach und Mauern hervorgehen[3]). Damit berühren wir
die schwierige und unabweisbare Frage, inwiefern in dem
wechselnden Verhältnis der zweckmäßigen und der ästhetischen
Momente das Bauwesen den Charakter eines Volks, eines Staats,
einer ganzen Kulturperiode zum Ausdruck bringt. Nissen hat
seinerzeit die innigen Beziehungen zwischen dem römischen Staats-
recht und der Limitation in helles Licht gesetzt und vor und
zurück blickend auf die ursprüngliche Bedingtheit menschlicher Sie-

---

[1]) Vgl. Muratori 12, 1010. 1029. 1031; Scelta 77, 33 (el primo fu
fra noi 'dificatore). Ein interessanter Verweis auf die Alten bei Alberti,
De re aedificatoria libri X, praefatio (Straßburg 1541 f. 2): ut longe,
quam erant, potentiores viderentur.

[2]) Alberti, a. a. O. f. 1 f.; 9, 11; über die italienischen Übersetzungen
des Traktats vgl. Mancini S. 393 f. Die gegenüber Vitruv wesentlich ge-
steigerte Auffassung der Renaissance von der Bedeutung des Architekten kommt
zum Ausdruck bei Alberti (vgl. P. Hoffmann S. 47 f.); Filarete (ed.
Oettingen S. 452 ff.) hält sich fast ganz an Vitruv.

[3]) Alberti, a. a. O. praefatio (f. 1 b): Fuere, qui dicerent, aquam
aut ignem praebuisse principia, quibus effectum sit, ut hominum
coetus celebrarentur. Nobis vero tecti parietisque utilitatem atque
necessitatem spectantibus ad homines conciliandos atque una con-
tinendos maiorem in modum valuisse nimirum persuadebitur. Vgl.
auch ebenda 4, 1; Scelta 141, 35 f.; Patrizzi, De inst. reip. 1, 3.

belung, Organisation und Weltanschauung durch die Naturformen hingewiesen[1]). Allmählich strebt aber die Kultur sich freier zu machen und die Natur zu meistern. Denkmäler dieser Entwicklung sind die menschlichen Wohnsitze in ihrer wechselvollen äußeren Erscheinung. Wie im alten Hellas die Stadt aus der schützenden Burg erwachsen, dann, den Forderungen des Verkehrs folgend, von der Höhe ins Thal gewandert und endlich zum einheitlichen Kunstwerk der hellenistischen Periode ausgestaltet worden ist[2]), so treten uns noch heute in unseren Stadtbildern die großen Wandlungen vor Augen, die von der mittelalterlichen Unregelmäßigkeit zur modernen planmäßigen Anlage geführt haben. Wir wissen ja, daß auch dem Mittelalter die Neigung zum Schematischen keineswegs verloren gegangen war; seine Stadtgewächse mit ihrem Gewinkel krummer Gassen und ihren malerischen Zufälligkeiten sind vielmehr Erzeugnisse des übermächtigen Bedürfnisses, nicht bewußter Absicht[3]). Wo sich die Möglichkeit bot, ist auch damals geradlinig und regelmäßig gebaut worden[4]). Sobald aber veränderte Bedingungen des wirthschaftlichen, socialen und staatlichen Daseins diese Möglichkeit verallgemeinern, tritt überall, zuerst in Italien[5]), jener antike Zug zur Befreiung des eingeengten Verkehrs und zur wohlgeordneten Einheit wieder in sein Recht.

---

[1]) H. Nissen, Das Templum (Berlin 1869) S. 18 ff. 55. 62. 98 f. 149 f.
[2]) Ebenda S. 86. 92 ff.; O. Hirschfeld, Die Entwicklung des Stadtbilds, in der Zeitschrift der Gesellschaft f. Erdkunde 25 (Berlin 1890), 290 ff.
[3]) Vgl. A. Essenwein, Die Kriegsbaukunst (Darmstadt 1889, Handbuch der Architektur 2, 4) S. 21; J. Fritz, Deutsche Stadtanlagen (Straßburg 1894) S. 8; J. Stübben, Der Bau der Städte in Geschichte u. Gegenwart (Berlin 1895) S. 7 ff.
[4]) Nissen, a. a. O. S. 93; Fritz S. 14 ff.; Heil, Die Gründung der nordostdeutschen Kolonialstädte (Wiesbaden 1896). Der Zug des Mittelalters zum Schematisiren hervorgehoben bei J. v. Schlosser, Die abendländische Klosteranlage des Mittelalters (Wien 1889) S. 35. 48. 63. Ein sehr bekanntes Beispiel für regelmäßige Anlage der bourg neuf in Carcassonne in seinem Gegensatz zur Oberstadt.
[5]) Burckhardt, Gesch. d. Ren. in Italien ² S. 210 ff. In Siena schon seit 1277 das Ideal die strata recta linea, vgl. L. Zdekauer, La vita pubblica dei Sienesi nel Dugento (Siena 1897) S. 29 f. 35.

Die Zusammengehörigkeit dieses architektonischen Typus und der gleichzeitigen Umformung des Staats in eine zweckmäßig arbeitende und einheitlich geleitete Organisation läßt sich nicht von der Hand weisen. Schon Aristoteles findet, daß die Bergstadt der Monarchie oder Oligarchie, die Anlage in der Ebene der Demokratie entspricht[1]). So hat auch der moderne Absolutismus sein Wesen nicht nur durch Institutionen, sondern auch mit Richtmaß und Kelle zu verewigen gesucht. Seine Stadtschöpfungen reden in ihrer vorschriftsmäßigen Uniformirung und erbarmungslosen Nüchternheit eine vernehmliche Sprache; die Häuser und Straßen müssen ebenso gut Ordre pariren wie die Regimenter und Bureaus[2]). Und doch reichen die Wurzeln dieser Erscheinung in die schönheitselige Welt der Renaissance zurück. Sie ist eben die Wiege des modernen Utilitarismus wie der modernen Kunst. Der alte italienische Absolutismus förderte zugleich die Schönheit und Gesundheit seiner Städte und die Sicherheit der Staatsgewalt, indem er gerade Straßen durchbrach und den Erkern und Vorbauten den Krieg erklärte. Er pflanzte sogar das Wahrzeichen aller Ordnung und Regel, die schnurgerechte Pappelallee[3]). Und wie im Altertum verband sich wieder mit dem verlockenden Gedanken einer wohldurchdachten Stadtgründung[4]) die noch großartigere Vorstellung von dem vernunftgemäßen Aufbau eines

---

[1]) Aristoteles, Polit. 7, 10; vgl. sein Bild vom „Architekten im Reich des Gedankens" 7, 3 (Oncken, Die Staatslehre des Aristoteles 2 [Leipzig 1875], 217).

[2]) Vgl. H. Hettner, Gesch. d. deutschen Literatur des 18. Jahrhunderts 1² (Braunschweig 1872), 208. 215 f.; A. Babeau, La ville sous l'ancien régime (Paris 1880) S. 359 ff.; über die holländisch-hugenottische Stadtanlage und ihre Verbreitung in Deutschland Gurlitt, Andreas Schlüter (Berlin 1891) S. 52; Gesch. des Barockstils 2, 2, 97 ff. 101. 104. 116 461; über Berlin und Potsdam Woltmann, Die Baugeschichte Berlins (Berlin 1872) S. 44. 87.

[3]) Burckhardt, Gesch. d. Ren.² S. 214.

[4]) Ebenda S. 217 f.; vgl. auch J. P. Richter, Leonardo da Vinci 2, 27 ff. Hiezu den Aufsatz von Oettingen „über die sog. Idealstadt des Ritters Vasari" im Rep. für Kunstwissenschaft 14 (1891), 21 ff. Vasari sagt ausdrücklich: fabbricare una città (S. 23), während der Venetianer Corner meint: questo mai aviene (S. 22).

ganzen Staats. „Ich glaube nicht," jagt Patrizzi, „daß jede beliebige Stadt sich für den Bestand eines vollkommenen Staatswesens eignet. Man muß eine sorgfältige Auswahl treffen, auf daß nichts mangle, was zum Wohlergehen erforderlich ist, oder man muß, wenn Gelegenheit und Mittel vorhanden sind, lieber eine neue Stadt bauen. Denn es ist viel schwieriger, eine alte Stadt der modernen Civilisation anzupassen oder eine schlecht gebaute herzustellen, als eine ganz neue einzurichten und zu bauen"[1]).

Die architektonische Phantasie der italienischen Renaissance scheute vor solcher Kühnheit nicht zurück, aber ihre Staatstheorie wagte den haltlosen Boden der Utopie nicht zu betreten; sympathischer als Platon's frembartiger Gedankenflug war ihr die nüchterne individualistische Staatskonstruktion des Hippodamos mit ihrer Schonung der bestehenden Gesellschaftsordnung[2]). Hier setzt nun auch das Idealbild eines wohleingerichteten Fürstenstaats ein, das Filarete unter Anlehnung an die im Herzogthum Mailand bestehenden Verhältnisse entwirft. Er stand im Dienst eines der gewaltigsten Emporkömmlinge, des Francesco Sforza. Der Verherrlichung dieses Herrschers, seines Hauses und zugleich der eigenen Person gilt vor Allem der im Jahre 1464 vollendete und in dürftige Romanform gepreßte Traktat des Architekten. Von der Naivetät des Tons, die die trockenen Auseinandersetzungen immer wieder unterbricht, mag der Abschnitt einen Begriff geben, in dem Filarete den Ursprung seiner Kunst auf Adam zurückführt: „Als er, aus dem Paradies verstoßen, in ein Regenwetter kam, suchte er sich vor demselben zu schützen, indem er die Arme über dem Kopf zusammenschlug. Als er dann weiter das Bedürfnis empfand, sich auch vor Sonne und Ungemach zu bergen, suchte er eine Grotte auf oder erbaute etwa eine Reiser-

---

[1]) Patrizzi, De instit. reip. 7, 1; 8, 1.
[2]) Ebenda 4, 1; 6, 1; vgl. Pöhlmann, a. a. O. 1, 264. Auch Alberti's Staatsideal (De re aedificatoria 4, 1) mit seiner Herrschaft der primarii (d. h. der Weisen, der politischen und militärischen Prattiker und der Reichen) deckt sich keineswegs mit der platonischen Herrschaft der Philosophen und Krieger.

hätte, ohne Eisen anzuwenden, mit einer Decke von Erde darüber. Nun wollen zwar einige behaupten, vor der Sündfluth habe es ja gar nicht geregnet, aber ich kann dies nicht glauben, denn wie hätte da die Erde grünen können? Auch gegenüber der Meinung Vitruv's, der die ältesten Waldbewohner die ersten Reiserhütten erbauen läßt, halte ich an Adam als dem Begründer der Baukunst fest." Übrigens beschäftigen den Verfasser seine klassischen Kenntnisse oder Erinnerungen weit mehr als die alttestamentlichen und christlichen [1]). Der für uns interessante Theil des Werks, dessen künstlerische und technische Lehren großentheils auf Alberti und gelegentlich auf Vitruv zurückgehen, schildert die Anlage und Erbauung einer fürstlichen Residenz Sforzinda. Gleich anfangs finden wir, da die Ummauerung der neuen Stadt in acht bis zehn Tagen fertig werden soll, ein phantastisches Aufgebot von Arbeitskräften, ausgerechnet 103200 Köpfe, eine Zahl, die dem fürstlichen Bauherrn Bedenken erregt. „Eine solche Masse," meint er, „hat vor Niemandem Scheu und Ehrfurcht; die achtet weder den Herrn noch die Madonna." Aber Filarete belehrt ihn, wie man auch mit dem größten Arbeiterheer fertig werden könne: einmal durch peinlich strenge Eintheilung der Arbeit nach Raum und Zeit, dann durch pünktliche Auszahlung der Löhne, wodurch die rechte Musik in das Ganze komme, und endlich durch Aufstellung der fürstlichen Truppen in Gefechtsbereitschaft [2]). Daß die Stadt nach einem geometrischen Schema angelegt wird, versteht sich von selbst; es geschieht in Sternform, mit drei Hauptplätzen im Centrum, von dem 16 Hauptstraßen, und zwar 8 feste und 8 Wasserstraßen, jede in der Mitte von einem Platz unterbrochen, zu den 8 Thoren und 8 Rundthürmen der Umwallung

---

[1]) Filarete, Traktat (ed. Oettingen) S. 56 f. Über seine Entlehnungen aus der klassischen Literatur vgl. besonders die Massenaufzählung berühmter Namen im 19. Buch (ebenda S. 728 ff.); über sein Verhältniß zu Filelfo Klette, Beiträge 3 (1890), 127. 146.

[2]) Filarete S. 122 ff. 137. Bemerkungen über Stücklohn und Taglohn S. 114 ff., über den wirthschaftlichen Nutzen großer Bauten S. 278 f. Übrigens sind die Berechnungen des Verfassers ungenau, vgl. S. 695.

führen¹). Der Hauptplatz im Mittelpunkt wird von dem fürstlichen Schloß, dem Dom und zwei großen Märkten, für die Kaufleute und für den Verkehr mit Lebensmitteln, flankirt, mit Säulenhallen eingefaßt und von einem breiten Kanal umzogen. Die 16 kleineren Plätze an den Hauptstraßen werden abwechselnd je mit einem Markt oder mit einer Kirche ausgestattet. Alle Bauten für Verwaltung und Rechtspflege befinden sich in der Nähe des Mittelpunkts, so Rathhaus und Gefängnis, Münze und Zoll, sowie der Palast des Polizeihauptmanns, der ganz nahe beim Fürstenschloß und, um die Leute in Respekt zu halten, neben dem Markt gelegen sein muß²). Die Citadelle dagegen erhebt sich außerhalb der Stadt, und zwar nach dem eigenen Entwurf des Herrschers; denn wie der Fürst die ganze Stadt repräsentirt, regiert und vertheidigt, Furcht und Gehorsam erweckt, so soll die Citadelle mit ihrer Besatzung die Stadt im Zaum halten³). Nicht minder charakteristisch für den Tyrannenstaat ist die vorsichtige Anlage des großen Saals in der Residenz; der Fürst hat seinen eigenen Eingang und ist von seinen Räthen räumlich getrennt, damit er, wenn sie je schlimme Anwandlungen haben sollten, vor dem Schicksal Caesar's im Senat gesichert sei⁴).

Filarete vergleicht einmal den Staat mit einem wohlgefügten Mauerwerk, dessen Kern aus Füllsteinen von einer Backsteinschicht umgeben und außen mit großen säulengeschmückten Werksteinen bekleidet ist; diesen entsprechen die Abeligen und Feldherrn, der Mittelschicht die Gewerbtreibenden, dem Kern das niedere Volk und die Soldaten. Der Fürst aber ist der Baumeister der Mauer,

---

¹) Ebenda S. 84 ff. 210 f. 692. 703. Hier zeigt sich eine gewisse Verwandtschaft mit den Idealanlagen der Utopie, die aber die einfacheren Formen des Quadrats (wie bei Morus) oder des Kreises (wie bei Platon, Doni, Campanella) bevorzugt. Die verkleinerte Wiederholung des Grundrisses von Sforzinda für die Hafenstadt (S. 435) erinnert an die Stadtschablone der Utopier bei Morus (urbium qui unam novit omnes noverit, Ausgabe von Michels und Ziegler, Berlin 1895, S. 46).

²) Filarete S. 209. 321.
³) Ebenda S. 70 f. 172. 214.
⁴) Ebenda S. 308.

der für unversehrte Erhaltung aller ihrer Theile zu sorgen hat[1]). Hier haben wir also den Staat als Kunstwerk, aus dem vorhandenen Material durch den politischen Künstler geschaffen. Dabei kommt in der fast ausschließlichen Berücksichtigung der Stadt die Entstehung der italienischen Tyrannis aus dem Stadtstaat zum Ausdruck, auf den ja auch die starke Betonung des Wohlfahrtszwecks zurückweist. In diesem nach der Wirklichkeit kopirten Idealbild ist eben nichts ideal als die ohne jedes Hindernis wirksame staatliche Ordnung und Fürsorge[2]). Wie schon in der Stadtanlage die strengste politische und wirthschaftliche Centralisation sich kundgibt, so erscheint das ganze Dasein der Staatsangehörigen von oben herab reglementirt und überwacht. Freilich spricht Filarete, obwohl er die Dreitheilung der Stände beibehält, nur wenig vom Adel und vom niedern Volk, desto mehr vom Mittelstand und seiner Thätigkeit in Handel, Gewerbe und Kunst, deren Förderung der Staat die größte Sorgfalt zuzuwenden hat[3]). Sinnbild für dieses Bürgerthum ist dem Verfasser die Biene wegen ihres Fleißes und ihrer streng monarchischen Gesinnung. Gemeinde- und Zunftverfassung, Steuerwesen, Unterricht, Krankenpflege und Hygiene werden mehr oder weniger eingehend behandelt. Ich will nur einige Züge hervorheben, wie die Einsetzung einer städtischen Kommission für Feststellung der Einwohnerzahl, die Geburts-, Sterbe- und Zuzugsteuer, die Erziehungsanstalten für Söhne und Töchter unbemittelter Eltern, in denen zum Unterschied von den landläufigen Schulen nicht nur die Wissenschaften, sondern auch Künste und Handwerke gelehrt

---

[1]) Ebenda S. 535 f.; Vergleiche der ständischen Gliederung mit den Säulenordnungen S. 261. 264 f.

[2]) Vgl. die Bemerkungen bei R. v. Mohl, Die Gesch. u. Literatur der Staatswissenschaften 1 (Erlangen 1855), 203 ff., über die zweite Art der Staatsromane, „die Idealisirungen bestehender Einrichtungen", meist auf die Monarchie bezüglich.

[3]) Filarete S. 133. 213; vgl. die bekannte Medaille auf den Künstler mit Sonne und Bienenstock und der Devise: ut sol auget apes, sic nobis comoda princeps (Oettlingen, Über das Leben des Filarete S. 36).

werden¹). Was an Projekten für Wasserversorgung, Hafenbauten, Tunnelbohrung, Anlage eines drehbaren Thurms vorgebracht wird²), geht mitunter in's Phantastische, entstammt aber ebenfalls der beherrschenden Richtung auf das Nützliche. Und der reiche bildliche Schmuck von Werken der Plastik und Malerei, der überall vorgesehen ist, muß dem gleichen Zweck dienstbar sein; er verkünbigt die Größe des Fürsten, den Ruhm der Künstler und Erfinder, die Pflichten der Beamten und der Unterthanen und huldigt in einer Fülle der frostigsten Allegorieen dem moralisirenden Zug der Zeit³).

Am bezeichnendsten für diese ausgesprochen utilitarische Denkart des Verfassers sind aber seine Ausführungen über das Gefängniswesen und über das Haus der Tugend und des Lasters. Filarete tritt wie später Thomas Morus in entschiedenen Gegensatz zu der Strafjustiz seiner Zeit, indem er es für vortheilhafter erklärt, die Arbeitskraft überführter Verbrecher der Gesellschaft zu erhalten, statt sie zu vernichten⁴). In seinem Arbeitshaus werden

---

¹) Filarete, dem der Entwurf und zum Theil auch die Ausführung des großen Hospitals in Mailand gehört, behandelt im Traktat die Civilarchitektur nicht als Erster, aber eingehender als sein Vorgänger Alberti (S. 370 ff.). Neben den öffentlichen Gebäuden bespricht er auch die Wohnungen für Edelleute, Kaufleute und Handwerker, für die er je ein bestimmtes Schema angibt; „nur die Hütten der Proletarier verschont er mit seinen modi e misure" (Oettingen im Repertorium 14, 22). Über die oben berührten politischen und wirthschaftlichen Einrichtungen vgl. Filarete S. 483 ff. 532 ff.; der Verfasser gibt vor, sie einem mit andern Überresten des Alterthums zusammen aufgefundenen „goldenen Buch" in griechischer Sprache zu entnehmen (S. 435 ff.). Besonders eingehend ist das Unterrichtswesen dargestellt. Daß der Architekt des Mailänder Spitals der Hygiene viel Aufmerksamkeit zuwendet (selbst bei der Anlage der Gefängnisse, S. 529), ist begreiflich. Diese Partieen des Werks verdienten wohl auf ihr Verhältnis zur Wirklichkeit genauer untersucht zu werden.

²) Vgl. Filarete S. 211. 338 ff. 507. 550. 552 ff. 705. 718 f. 736 f.

³) Vgl. z. B. Filarete S. 322 ff. 459. 500.

⁴) Mit Recht bezeichnet H. Dietzel (Vierteljahrsschrift f. Staats- u. Volkswirthschaft 5, 217 ff.) diesen Zug der Utopia als besonders charakteristisch „für die nüchtern utilitarische Denkweise Morus'". Vgl. L. Beger in der

kräftige Leute, die zum Tod oder zu einer ihre Arbeitsfähigkeit zerstörenden Verstümmelung verurtheilt sind, lebenslänglich untergebracht und aus dem Erlös ihrer Arbeit unterhalten. Dabei wird ihnen zwar nicht die Begnadigung, wohl aber die Möglichkeit offen gelassen, später ihre Frauen zu sich zu nehmen. Die in der Anstalt geborenen Kinder treten gleichfalls in die Reihen der Gefängnisarbeiter. Ja, sogar unbescholtene Leute, „die augenblicklich um einen Verdienst in Verlegenheit waren", finden dort zeitweilig Aufnahme und Gelegenheit zum Absatz ihres Arbeitsprodukts; auch Heirathen zwischen ihnen und jenen Verbrecherkindern sind vorgesehen. Daß dieses Projekt mit Humanitätsanwandlungen nichts zu thun hat, sondern allein den Nutzen in's Auge faßt, ergibt sich aus den barbarischen Bestimmungen für Aufrechthaltung der Disziplin; hier sind alle Torturen zulässig, nur nicht Verstümmelungen, die die Arbeitsfähigkeit des Bestraften aufheben würden[1]). Ganz phantastisch, aber ein Denkmal des nämlichen Utilitarismus ist endlich jenes ungeheure und ungeheuerlich konstruirte Bauwerk, das zur Erwerbung jeder Tugend und zur Ausübung aller Laster dienen soll. In den untersten Stockwerken des Kolossalbaus ist für Bordell, Kneipen, Garküchen und Spielhöllen gesorgt, nicht ohne entsprechende künstlerische Ausschmückung, aber zugleich mit einer Besatzung von Polizei-

---

Zeitschrift f. d. ges. Staatswissenschaft 34 (1879), 456 f.; über das Aufkommen „von Haftanstalten im Dienste der Sicherheitspolizei und des Arbeitsprofites" in Holland und Norddeutschland gegen Ende des 16. Jahrhunderts Holzendorff-Jagemann, Handbuch des Gefängniswesens 1 (Hamburg 1888), 80. Die ganz anders fundirten Äußerungen Platon's über den Besserungszweck der Strafe (vgl. Pöhlmann 1, 542 f.) finden gelegentlich Verwerthung bei italienischen Humanisten des 15. Jahrhunderts, vgl. ein Schreiben Poggio's bei Baluze, Miscellan. 3², 155 und Alberti's Schrift de iure (Mancini, Vita di Alberti S. 162 ff.; die Schrift selbst ist mir augenblicklich, wie auch die oft angeführte Polemik des Elisio Calenzio gegen die Todesstrafe, nicht zugänglich), sowie De re aedific. 5, 13. Die Gefängnisarbeit befürwortet vom Gesichtspunkt des öffentlichen Nutzens vor Filarete Gemisthos Plethon; er verwirft auch die Verstümmelungsstrafen, aber als unhellenisch und häßlich (F. Schultze, Plethon S. 277).

[1]) Filarete S. 528 ff.

soldaten. Oben dagegen finden die Wissenschaften, Künste und Handwerke Raum zur vielseitigsten Bethätigung, bis hinauf zur höchsten Plattform, die nur von Meistern der Wissenschaft, von Kriegshelden und fremden Touristen betreten werden darf. In großartigen Tempeln, Theatern und anderen Stätten für Festlichkeiten vollziehen sich die Examina, deren Ergebniß übrigens jedes Mal durch nicht zur Anstalt gehörige Gelehrte kontrollirt wird, die Doktorpromotionen, die Ceremonien der Meisterschaft für die Handwerker und die Kampfspiele. Symbolik und Musik fehlen nirgends, selbst nicht bei dem feierlichen Aufzug derjenigen, die sich in den Lastern hervorgethan haben. Denn, sagt der Verfasser, ein echter Sohn der italienischen Renaissance, „bei der Erfindung dieses Hauses schwebte mir der Gedanke vor, eine Stätte für dasjenige zu schaffen, wodurch der Mensch seinen Namen bekannt macht, und das ist einerseits die Tugend, andrerseits das Laster"[1]).

In dieser nichts weniger als weltfremden Phantasie weht bereits die Luft des modernen Nationalismus und aufgeklärten Absolutismus. Der centralisirte Staat ein Kunstwerk von der Hand des politischen Architekten, Alles bis in's Kleinste von einem Willen planmäßig angeordnet und geleitet, die wissenschaftliche wie die technische Ausbildung vom Staat gewährleistet und überwacht, die Strafjustiz vom Gedanken der wirthschaftlichen Zweckmäßigkeit beherrscht, selbst die Schwäche der menschlichen Natur als ein nicht wegzuschaffender Faktor unter staatlicher Aufsicht dem Ganzen eingefügt: das gibt ein Bild voll der schärfsten Widersprüche gegen die mittelalterliche Auffassung von Staat und Gesellschaft. Es verräth die Hand des Dilettanten, aber es enthüllt in seiner selbstzufriedenen Nüchternheit die Züge einer kommenden Welt.

Die literargeschichtliche Forschung hat in der damaligen höfischen Poesie der Italiener bereits die Vorzeichen einer Entartung aufgewiesen, die ihre höchste uns anwidernde Blüthe erst im 17. Jahr-

---

[1]) Filarete S. 500 ff.

hundert erreichen sollte[1]). Aber nicht nur an den Höfen, auch im Volk kündigt sich die Zukunft an. Sie steht im Zeichen des Absolutismus, und wie in den oberen Regionen der Gesellschaft allmählich der eigenwillige uomo singolare der florentinischen Kultur dem neuen Idealmenschen, dem cortegiano, den Platz räumen muß, so entwickelt sich in der Masse der Unterthanen mit der Gewöhnung an die Tyrannis ein monarchisches Gefühl, dessen Äußerungen, ursprünglich von oben vorgeschrieben, später zur zweiten Natur werden[2]). Man bewunderte den Erfolg und man beugte sich vor der thatsächlichen Macht, aber man empfand auch sicherlich das Aufhören des chronischen inneren Kriegszustands als Wohlthat. Ein mailändischer Chronist des 14. Jahrhunderts giebt schon ein ausführliches Verzeichnis aller der Segnungen, die man der Herrschaft der Visconti zu danken habe, und versichert, Azzo Visconti sei wirklich ein Herr nicht nur der Leiber, sondern auch der Seelen gewesen. Dafür ist ihm auch das Paradies gesichert[3]); die Seele des 1378 verstorbenen Galeazzo wird sogar nach Aussage eines Dichters sichtbarlich von den Engeln gen Himmel getragen[4]). Wer hätte noch behaupten können, daß die Lombarden und die Einwohner Mittelitaliens von Natur unfähig seien, die Herrschaft eines Einzelnen zu ertragen? Beim Tod Borso's von Ferrara war es seinem Volk, als sei Gott selbst noch einmal gestorben; Gott des Friedens, Gott der Barmherzigkeit, Gott der Freigebigkeit nennt ihn ein Chronist[5]). Bis zum Nimbus der Heiligkeit und zur Apotheose hatten es diese harten Politiker gebracht, die sich bei Lebzeiten die Anrede: Divus Caesar gefallen ließen.

---

[1]) D'Ancona, Del secentismo nella poesia cortigiana del secolo XV (studj sulla lett. ital. 1884, besonders S. 189. 196. 230 ff.).
[2]) Burckhardt 1³, 50.
[3]) Vgl. Muratori 12, 1023. 1029. 1040.
[4]) Scelta 77, 31 ff.
[5]) Muratori 24, 232. Derselbe Borso erklärte als Prinz in einem Vorschlag, den er 1445 im Namen seines regierenden Bruders dem König von Neapel überreichte: in der Lombardei la casa da Est è meglio voluta et più amata quasi, che non è Dio, a parlar in questa forma (Arch. stor. per le provincie napoletane 4 [1879], 720).

Aber die imperia des italienischen Absolutismus waren viel zu klein und der Egoismus der Einzelherrscher viel zu groß, als daß sie dem Einbruch fremder Eroberungslust hätten widerstehen können. Sie selbst hatten die Einmischung des Auslands herbeigeführt und ihrem Volk die Waffen aus der Hand und, so viel an ihnen lag, den alten Freiheitsstolz aus der Seele genommen. In dem tragischen Schauspiel, das mit dem letzten Dezennium des 15. Jahrhunderts anhebt, sollte es nur einem italienischen Staatswesen beschieden sein, eine große Vergangenheit mit ruhmvollem Untergang abzuschließen. Die florentinische Republik allein ist den Heldentod gestorben.

Ueber den Ahnenverlust in den oberen Generationen.

Mit besonderer Rücksicht auf die Ahnentafel Kaiser Wilhelms II. und seiner hohen Geschwister.

Von Professor **Ottokar Lorenz**.

I.

Einiges Allgemeine.

Es ist eine so große Menge von Fragen und Räthseln, die der Geschichtsforschung durch die Ahnentafel gestellt sind, daß es eines umfangreichen Werkes bedürfen wird, um der so sehr in Vergessenheit gerathenen Wissenschaft nur wieder den vollen historischen Boden zu gewinnen, auf dem sie weiterzuschreiten vermöchte. Ein verhältnißmäßig kleines Kapitel aus meinen in ihrer Vereinsamung natürlich langsam sich entwickelnden Arbeiten will ich hier zur Sprache bringen, indem ich mich dabei in der angenehmen Lage weiß, den Freunden und Genossen des „Herold" durch Mittheilungen über die Ahnentafel unseres Kaisers und seiner Geschwister ein freudigstes Interesse erregen zu können. Es sollen dabei zunächst nur einige äußere Momente der Gestalt und Wesenheit von Ahnentafeln überhaupt in Betracht gezogen werden; alles was für den allgemeinen Entwickelungsgang der Weltgeschichte aus der Ahnentafel zu gewinnen sein wird, wenn dereinst eine geläuterte wissenschaftliche Forschung sich solcher Aufgaben bemächtigt haben wird, bleibt zunächst außer Betracht.

Im Ganzen und Großen ist die Ahnentafel die Grundlage der richtigen Erkenntniß aller geschichtlichen Begebenheiten, denn sie ist die Voraussetzung von Allem, was man im Gegensatze zum Naturereigniß als geschichtliche Handlung begreift. Bevor man sich jedoch diesen tieferen Problemen der Ahnentafel zuwenden mag, muß es schon als ein großer Gewinn betrachtet werden, wenn man sich auch nur über die äußere Gestalt und Beschaffenheit der Ahnentafel klar geworden sein wird. Denn auch selbst diese Dinge bieten unendlich viele Räthsel und Schwierigkeiten dar, von welchen sich die wenigsten Menschen Rechenschaft zu geben pflegen. Den Mathematikern zwar ist es längst kein Geheimniß geblieben, daß das Ahnenproblem für jeden einzelnen lebenden Menschen eine Art von Widerspruch in sich selbst enthält. Die mathematische Theorie weist jedem eine oberste Ahnenreihe zu, die für die Gesammtheit eines Volkes in einer Zeit, in welcher die hergebrachte Chronologie die Erschaffung der Welt ansetzt, eine Bevölkerungsziffer zur Voraussetzung hätte, für die der gesammte Erdenraum nebst Sonne und Mond bei weitem nicht ausreichten. Jedes einzelne Individuum, welches seine Ahnen in der nächst höheren Generation thatsächlich immer verdoppelt dächte, würde eine Zahl bezeichnen müssen, die jene Summe von Reiskörnern noch unendliche Male überträfe, die der Sultan in der bekannten Schachbrettanekdote leichten Herzens bezahlen zu können meinte. Die Ansicht also ist leicht zu gewinnen, daß das theoretische oder besser gesagt arithmetische Ahnenproblem nichts ist, was in der Wirklichkeit vorhanden sein kann. Wenn aber der Gedanke ausgeschlossen ist, daß jeder Mensch oder eine gewisse begrenzte Zahl von Menschen, etwa eine Familie oder ein Volk, von einer unendlichen Zahl von Ahnen abstammt, so tritt an die Geschichtsforschung offenbar die Aufgabe heran, wenigstens annähernd zu bestimmen, wie sich denn in der Wirklichkeit die Abstammungsverhältnisse, sei es jedes einzelnen, sei es einer Gesammtheit, denken lassen, ohne sich in das Imaginäre zu verlieren. Zwar vermögen die geschichtlichen Ueberlieferungen über unsere gesammten Abstammungsverhältnisse nur sehr geringe Auskünfte zu geben, aber die auf historischem Wege gewonnenen Erfahrungen werden Schlüsse auf den allgemeinen Gang der Bevölkerungsentwickelung zu machen gestatten. Es ist durchaus nicht meine Absicht, in dieser Beziehung eine Lösung dieser Fragen zu versprechen oder an diesem Orte erwarten zu lassen. Aber an gewisse alte, weitverbreitete Vorstellungen darf wohl bei dieser Gelegenheit erinnert werden. Wie ist es zu erklären, daß fast in jedem Volke die Sage der Abstammung von Einem Elternpaare vorhanden ist? Wie konnte ein vernünftiger Grieche zu seinem Hellen und ein Deutscher zu seinem Tuisko gelangen, um von Adam und Eva nicht zu sprechen, wenn er doch wußte und einsah, wie sich seine Vorfahren von Generation zu Generation aufsteigend verdoppelten? Vielleicht ließe sich die sagenhafte Vorliebe der Völker für die Abstammung von einem Stammvater nicht unpassend aus der überwiegenden Vorliebe der Menschen für die Descendenz gegenüber der Ascendenz erklären. Jedermann denkt sich in seiner Selbstliebe vor allem als einen Stamm, von dem die Zweige ausgehen: der gewöhnliche Stammbaum fängt mit einem einzelnen Paare an. Die aufsteigende Ahnentafel pflegt rasch vergessen zu werden, aber thatsächlich führt sie doch jeden Einzelnen zur Erkenntniß der Vielheit seiner Abstammung statt zur geträumten Einheit! Ist es nun nicht sehr merkwürdig, daß die Vorstellung des genealogisch richtig gestellten Stammbaums mit dem einheitlich thronenden Elternpaar und der weit verzweigten Descendenz durchaus über die naturgemäßere und thatsächlich immer vorhandene Ahnentafel triumphirt, und daß alle Volksentstehungslehren nur von jenem beherrscht sind? Oder sollte etwa auch bei genauerer Betrachtung der Ahnentafel schon von einem uralten Weisen oder von irgend einem Sagenerfinder und Lehrer der Menschheit ein Moment beobachtet worden sein, welches der Vorstellung von der Einheit der Abstammung von einem einzelnen Elternpaare entgegenkam? Sollte derselben die Meinung zu Grunde liegen, daß auch die Ahnentafel schließlich auf Ein Paar von Stammeltern zurückführen könnte?

Alle diese Fragen bin ich weit entfernt, beantworten zu wollen. Was aber erwünscht zu sein scheint, wäre eine mehr und mehr zu verbreitende Ueberzeugung, von welcher ungemein großen Tragweite die Probleme sind, die von der wissenschaftlichen, genealogischen Forschung theils schon seit ältesten Zeiten ins Auge gefaßt worden sind, theils in der Zukunft erst noch zu lösen sein werden.

Die Ahnentafel hat vermöge ihrer rechtlichen und gesellschaftlichen Bedeutung stets ihre freunde gehabt und eine Anzahl der alleredelsten und gelehrtesten Männer haben sich auch aus rein wissenschaftlichem Interesse mit ihr beschäftigt. In den letzten Dezennien ist sie nicht zum Nutzen der Wissenschaft allzusehr vernachlässigt worden.

Einer der geistvollsten und gelehrtesten, leider kaum entfernt in ihrer Bedeutung für die historisch-genealogischen Wissenschaften anerkannten forscher, Friedrich Theodor Richter hat indessen auch der Ahnentafel seine volle Aufmerksamkeit zugewendet und in der von ihm besorgten Ausgabe der alten, geschätzten Oertelschen „Genealogischen Tafeln" einer Beobachtung Ausdruck gegeben, die das Problem, um welches sich die gesammte Ahnenfrage dreht, nach allen Richtungen hin deutlich bezeichnet. Es sei gestattet, die ganze Betrachtung Richters hier wörtlich zu wiederholen, da es nicht leicht wäre, den Leser kürzer und sachlicher auf diejenigen Punkte aufmerksam zu machen, denen die folgenden Blätter vorzugsweise gewidmet sein wollen. „Jedermann", sagt Richter, „hat Eltern, Großeltern, Urgroßeltern u. s. w., aber nicht Jedermann ist mit Kindern, Enkeln, Urenkeln u. s. w. gesegnet, und hierdurch bestimmt sich in der Betrachtungsweise der Unterschied zwischen Vorfahren und Nachkommen. Im Allgemeinen werden die Vorfahren unter der Benennung „Ahnen" begriffen und dazu alle Personen einer familie gerechnet, wenn auch irgend Jemand nicht in gerader Linie von einer genannten Person abstammen sollte. Dagegen versteht man im diplomatischen oder sozusagen „stiftsfähigen". Sinne unter Ahnen alle einer bestimmten Geschlechtsreihe angehörende Personen. Man spricht dann von 2, 4, 8, 16, 32 Ahnen und so fort. Vollkommen und tadellos ist eine Ahnenreihe von 32 Personen, wie sie z. B. bei Anwartschaft auf Stiftsstellen „aufbeschworen" werden mußte, wenn sie 32 verschiedene Personen enthält und von ihnen keine doppelt vorkommt, keine etwa schon in der vorhergehenden Ahnenreihe von 16 Personen genannt ist. Jede Vermählung in der Verwandtschaft verkürzt die Zahl der Ahnen, und so darf es nicht Wunder nehmen, daß die Reihen von 16 oder 32 Ahnen selten vollständig vorkommen und noch seltener die nöthige Anzahl der Ahnen in den folgenden aufsteigenden Reihen erreicht wird. Ein auffallendes Beispiel dieser Art enthält eine Tafel, welche die sämmtlichen Vorfahren des Prinzen Victor Emanuel von Neapel, des Enkels des Königs Victor Emanuel von Italien, bis in die siebente Ahnenreihe aufstellt... Bei näherer Betrachtung ergiebt sich, daß Prinz Victor Emanuel in Wirklichkeit nur vier Ahnen[1]) hat, denn bei der Urgroßelternreihe tritt der Umstand ein, daß sein väterlicher Großvater der Bruder seines mütterlichen Großvaters ist, beide folglich gleiche Personen als Eltern haben, in dieser Reihe also nur sechs Personen vorkommen statt acht, wie es das Gesetz der Verdoppelung erfordert. In ähnlicher Weise ist die Großmutter des Kronprinzen Humbert die Schwester seines Großvaters, wodurch seine Urgroßelternreihe ebenfalls auf sechs Ahnen beschränkt wird. König Victor Emanuel von Italien, der Vater des Kronprinzen Humbert,[2]) wie dessen Mutter, die Königin Adelheid, haben jedes acht Ahnen, wobei zu bemerken ist, daß die Großeltern der Königin, Kaiser Leopold II. und seine Gemahlin, zugleich als Urgroßeltern ihres Gemahls vorkommen. Die nächste Ahnenreihe, welche dem Könige von Italien 16 Ahnen geben sollte, ist unvollkommen, nicht allein, weil Stammpaare (Kaiser Franz I. mit seiner Gemahlin Maria Theresia und König Karl III. von Spanien mit seiner Gemahlin Maria Amalia von Sachsen) doppelt aufzuführen wären, sondern auch einer Lücke wegen, welche dadurch entsteht, daß die Eltern der Gräfin Franziska Corvin-Krasinska, der morganatischen Gemahlin des Herzogs Karl von Kurland, in den genealogischen Handbüchern verschwiegen werden. Sechzehn Ahnen zählen nur die Kronprinzessin Margaretha von Savoyen und ihre Mutter Elisabeth, Herzogin von Genua und Tochter des Königs Johann von Sachsen, außerdem noch Humberts mütterlicher Großvater Rainer, Erzherzog von Oesterreich. Von 32 Ahnen einer Person giebt unsere Tafel kein Beispiel und dergleichen werden auch bei den folgenden Ahnenreihen zu den Seltenheiten gehören, auch wenn die Zahl der Ahnen in einer Reihe fort und fort sich mehrt, bis nach und nach die Fälle, wo

---

[1]) D. h. nur die Vierahnenreihe vollzählig hat.
[2]) Die Abhandlung Richters ist im Jahre 1876 geschrieben.

alle Ueberlieferung von Namen aufhört, häufiger werden und zuletzt nur noch ein oder einige Stammpaare übrig bleiben. Unsere Tafel kann in der Urgroßelternreihe D nur 6 statt 8 Ahnen, in der Reihe E statt 16 Ahnen nur 10, in der Reihe F nur 18 statt 32, in der Reihe G nur 24 statt 64 und in der Reihe H statt 128 erforderlicher Ahnen nur 39 verschiedene Personen namentlich aufführen. Auch ist nicht außer Acht zu lassen, daß Ahnenreihen nicht immer gleichbedeutend sind mit Geschlechtsreihen oder sogenannten Generationen; bisweilen stehen Personen auf zwei Generationen, z. B. Vater und Sohn in einer Ahnenreihe, während Personen einer Generation, z. B. Geschwister, in zwei und mehr Ahnenreihen vertreten sein können. Sind dergleichen Fälle an sich schon lehrreich, so dürften sie auch geeignet sein, dem wissenschaftlichen Genealogen die Aufstellung solcher Ahnen- oder Ascendententafeln zu empfehlen."

Man wird in diesen Worten Richters und in dem von ihm aufgestellten Beispiel den Begriff und die Bedeutung des Ahnenverlustes in den oberen Generationen so deutlich gekennzeichnet finden, daß kaum etwas zuzusetzen sein möchte, nur bemerke ich, daß eine genaue Unterscheidung von Ahnenreihe und Geschlechtsreihe unter dem Gesichtspunkt der Generation wohl kaum anfrecht zu halten sein dürfte, denn auch die Ahnenreihe fällt überall unter den Gesichtspunkt der Generation; eine Anomalie ist nur darin zu erblicken, daß das zeugende Individuum bei der Ahnenzählung nicht nur in einer Reihe, sondern immer in mehreren Reihen erscheinen kann, während die Descendententafel die Zeugungen eines Individuums stets in derselben Reihe verzeichnet. Es sei daher gleich hier bemerkt — um mancherlei Mißverständnissen vorzubeugen —, daß sich die Ahnenreihen zur Zählung von Generationen im strengen historischen Sinne überhaupt nicht eignen, und es ist daher gewiß zweckmäßig, mit Richter die Ahnenreihe in einen gewissen Gegensatz zu der sogenannten Generation im Sinne der Geschlechtsreihe der Descendenten zu stellen. Wenn hier der Ausdruck obere und untere Generation gebraucht worden ist, so sollte damit nur angedeutet werden, daß für die Bildung der Ahnenreihe so gut, wie für die der Geschlechtsreihe die natürliche Basis dieselbe bleibt.

Die Ahnentafel des heutigen Kronprinzen von Italien (vgl. bei Oertel CXVIII) reicht bis zur siebenten oberen Generation und lehrt uns einen Ahnenverlust sehr erheblicher Art kennen. Die Tafel selbst ist so geschickt und übersichtlich angeordnet, daß man beim Anblick derselben die progressive Verminderung der Ahnenreihen im Vergleich zu der theoretisch erforderlichen Zahl in jeder Reihe außerordentlich rasch zu erfassen vermag. Leider steht fast gar kein gedrucktes Material zu Gebote, aus welchem ähnlich rasche Belehrungen zu gewinnen wären. Das Werk des großen Spener, welches, wenn ich nicht irre, seit Joh. Seiferts Ahnentafeln jeder Fortsetzung entbehrt, hat sich nicht zur Aufgabe gestellt, den Ahnenverlust besonders zum Gegenstande der Darstellung zu machen, und so ist heute die Zahl der Beispiele noch recht beschränkt, die uns Vergleichungen zu machen erlaubten. Dennoch kann es hier ausgesprochen werden, daß die Ahnentafel des heutigen Kronprinzen Victor Emanuel von Italien immer noch nicht als eine von denen anzusehen ist, die den denkbar stärksten Ahnenverlust aufweisen. Die Geschichte kennt thatsächlich — und um das Thatsächliche geschichtlich nachweisbarer Verhältnisse kann es sich nur handeln — sehr viele Fälle von noch größeren Ahnenverlusten.

Ungemein belehrend ist beispielsweise die neunte Tafel bei Spener,[1]) wenn man sich die Mühe nehmen will, die Ahnen in der von Richter vorgeschriebenen Weise zu zählen. Es handelt sich um die sechs ersten der oberen Ahnenreihen des Kaisers Leopold I. und seiner Geschwister. Man bemerkt hier leicht, daß der alte Kaiser wie der heutige Kronprinz von Italien statt der theoretisch erforderlichen acht Urgroßeltern nur deren sechs besaß, indem der Erzherzog Karl von Oesterreich und dessen Frau Maria von Bayern die Eltern des Großvaters väterlicher- und der Großmutter mütterlicherseits gewesen sind. Während sich nun die nächst höhere Ahnenreihe, da die theoretisch erforderliche Zahl von 16, wie sich von selbst versteht, durch den Ahnenverlust in der dritten Reihe schon ausgeschlossen war, doch noch immer auf 12 Ahnen heben sollte, zeigt sich bei dem Kaiser Leopold, gerade so wie beim Kronprinzen von Italien, die Erscheinung, daß ein noch weiterer Verlust eintritt, indem bei beiden

---

[1]) Theatrum nobilitatis Europeae.

die vierte Ahnenreihe nur noch 10 Personen aufweist. In der fünften und sechsten Reihe aber schreitet dann die Verlustziffer bei dem Kaiser Leopold in einer noch erstaunlicheren Weise als bei dem italienischen Prinzen fort. Der erstere hat statt der 32 theoretischen Ahnen in Wirklichkeit nur 12 und statt 64 nur noch 20. Da die in der vierten Reihe noch vorhandenen 10 Personen sich auf 20 und 40 verdoppeln sollten, so ist ersichtlich, daß sich die Ahnen des Kaisers Leopold in der kurzen Zeit von zwei Generationen gerade um die Hälfte noch weiter verminderten. Dieser ungewöhnlich große Verlust erklärt sich dadurch, daß schon in der vierten Reihe das Elternpaar Albrecht V. von Bayern und dessen Gemahlin Anna von Oesterreich als dreifache Ur-Ur-Urgroßeltern Leopolds I. erscheinen, und Kaiser Ferdinand I. und seine Gemahlin Anna von Ungarn in der vierten und fünften Reihe nicht weniger als sechs Mal als Ahnen aufzuführen sind und demnach hier einen vierfachen und dort einen doppelten Ahnenverlust herbeiführen. Die weiteren Einzelheiten dieser Verlustlisten brauchen wohl kaum näher beschrieben zu werden, da es sich bloß darum handelt, einen deutlichen Begriff von der Art und Weise zu gewinnen, wie diese eigenthümlichen genealogischen Erscheinungen thatsächlich entstanden sind.

Wohl aber wird es erwünscht sein, noch weitere historische Fälle von bedeutenderen Ahnenverlusten kennen zu lernen.

Unter den Nachkommen des Kaisers Leopold hat jener Prinz Joseph-Ferdinand von Bayern, der der Erbe der gesammten spanischen Habsburger geworden war, durch seinen allzu frühen Tod eine lange Kriegszeit über Europa gebracht. Seine Ahnentafel ist von väterlicher und mütterlicher Seite sehr merkwürdig. Er hält im Gegensatze zu den bisher dargestellten Beispielen in den ersten oberen Generationen die Ahnenreihe ganz regelmäßig, um dann desto rascher und schneller die bedeutendsten Einbußen zu erfahren. Er besitzt regelrecht noch acht Ahnen, die jedoch schon in der nächst höheren Reihe auf 10 von 16 herabsinken. Statt der 32 Ahnen der fünften Generation bleiben dem bayerischen Erbprinzen von Spanien nur 14 übrig, und auch von diesen sinkt noch die jetzt mit 28 zu erwartende Ahnenreihe, während sie sonst 64 haben müßte, auf 22 beziehungsweise 24 Ahnen herab. Die letztere Zählungsungleichheit rührt aber daher, daß Philipp II. von Spanien in der vorhergehenden Reihe drei Mal als Ahne zu zählen war, jedoch als Vater seiner Tochter Katharina, die mit dem Herzog Karl Emanuel I. von Savoyen vermählt war, mit seiner dritten Gemahlin Elisabeth von Frankreich, als Vater Philipps III. aber mit seiner vierten Gemahlin, der Tochter Maximilians II. aufzuführen war; da aber die Großeltern dieser Anna, Ferdinand I. von Oesterreich und seine Frau Anna von Ungarn, und ebenso Kaiser Karl V. und seine portugiesische Gemahlin schon anderweitig zu zählen waren, so nimmt diese zweimalige Vermählung Philipps II. auf die höheren Ahnenreihen keinen weiteren Einfluß. Es möge aber hier genügen, nur noch die nächste, siebente Ahnenreihe des Erben von Spanien in Betracht zu ziehen, wo sich das ganz überraschende Resultat ergiebt, daß der früh verstorbene Prinz statt 128 erforderter Ahnen thatsächlich nur 32 besaß.

Wie sich leicht erklärt, wiederholt sich dieser ungewöhnlich große Ahnenverlust bei den meisten Mitgliedern jener Familien, die mit den genannten Personen in aufsteigender oder absteigender Linie blutsverwandt waren. Die zahlreichen Vermählungen in den beiden Häusern von Habsburg, dem spanischen sowohl wie dem österreichischen einerseits und dem wittelsbachischen andererseits, sind als die Ursachen der dargestellten Ahnenverluste zu erkennen; man darf daher schon auf Grund der wenigen hier angeführten Beispiele den allgemeinen Satz aussprechen: je geringer die Zahl der Personen zu einer gewissen Zeit gewesen ist, zwischen deren Familien Heirathen stattgefunden haben, desto größer werden die Zahlen sein, die den Ahnenverlust bei den späteren Nachkommen bezeichnen. Bei den Personen des spanisch-habsburgischen Hauses braucht man kaum noch besondere Untersuchungen im Einzelnen anzustellen; sie werden ohne Frage alle mehr oder weniger von demselben starken Ahnenverlust betroffen, wie Kaiser Leopold oder sein bayerischer Enkel. So hat auch der letzte von ihnen, der König Karl II., in der dritten oberen Ahnenreihe nur 6 statt 8, in der vierten 10 statt 16, in der fünften auch nur 10 statt 32 und in der sechsten nur 18 statt 64 wirklicher Ahnen. Eines der stärksten Beispiele von Ahnenverlusten, welches jedoch auch wieder gewisse Eigenthümlichkeiten aufweist, giebt die Ahnentafel des unglücklichen Don Carlos an die Hand, welcher statt der erforderlichen 8 Ahnen gleich in der dritten Reihe 4 Ahnen, also nur die Hälfte besitzt, während in den späteren Reihen nach der vierten, in welcher jedoch die Ahnenzahl bis auf 6 statt 16 gesunken ist, eine mehr regelmäßige Verdoppelung bemerken läßt, indem die fünfte Reihe wirklich 12 Ahnen und die sechste doch noch 20 aufweist. In der siebenten stehen dann, genau so wie bei dem bayerischen Erbprinzen von Spanien am Ende des siebzehnten Jahrhunderts nur 52 statt der nun erwarteten 40, beziehungsweise statt der theoretischen 128 Ahnen.

Das Ahnenproblem in seiner mannigfachen Tragweite zu erfassen, ist ebenso schwierig, als seine allseitige Lösung historisch unmöglich wäre. Man wird leicht bemerken, daß unsere Quellen der Erkenntniß nach der Tiefe wie nach der Breite mangelhaft sind. Die wenigsten Menschen, ja nur ein verschwindend kleiner Theil kennt seine Ahnen, und auch die, welche in ihren Familien nach Jahrhunderten zählende Erinnerungen besitzen, vermögen, abgesehen davon, daß Anstrengungen und Arbeiten dieser Art fast gänzlich fehlen, nicht über eine sehr lange Reihe von Generationen die Ahnentafel hinaufzuführen. Indessen ist es klar, daß die angeregte Frage des Ahnenverlustes fast gar keine sicheren Anhaltspunkte für weitere Schlüsse geben könnte, wenn man nicht in der Betrachtung der Ahnenreihen zur Kenntniß einer noch größeren Zahl von thatsächlich bekannt zu machenden Generationen und ihres Personenbestandes zu gelangen vermöchte. Wollte man sich über die Bedeutung des Ahnenverlustes ein vollkommeneres Bild verschaffen, so war es jedenfalls nöthig, eine mathematische Kurve zu bilden, durch welche die Abweichungen des wirklichen historischen Ganges der Geschlechter von der mathematischen Voraussetzung zur Anschauung gebracht werden. Eine solche Kurve kann aber erst dann einen Werth gewinnen, wenn sie in einer möglichst großen Ausdehnung gezeichnet worden ist. Um diesem Ziele sich wenigstens einigermaßen zu nähern, wird sich der Genealog an Persönlichkeiten zu wenden haben, deren Ahnenreihen durch viele Jahrhunderte nachweisbar sind. Es soll hier daher der Versuch gemacht werden, an der Ahnentafel des Kaisers Wilhelm II. möglichst umfassende Beobachtungen anzustellen. Dabei braucht kaum

hinzugefügt zu werden, daß es ein besonderes genealogisches
Vergnügen gewährt hat, die, so viel bekannt, noch nicht
aufgestellte Ahnenprobe des Kaisers kennen zu lernen. Und so
wurde denn im Vereine mit einer Anzahl von Theilnehmern,
die von gleichem Interesse für Genealogie erfüllt waren, mit
Fleiß und Ausdauer dazu geschritten, eine Ahnentafel des
Kaisers mindestens bis zur zwölften oberen Generation zu ent-
werfen, deren Resultate im Folgenden mitgetheilt werden sollen.
Um dem Leser eine Vorstellung von der Aufgabe zu geben, die
eine Ahnentafel von zwölf Generationen darbietet, wird es gut
sein, sich des theoretischen Wachsthums der Ahnen bis zur zwölften
Generation zu erinnern. Man wird also nach den in der
siebenten Generation schon erwähnten 128 erforderlichen Ahnen,
in der achten 256, in der neunten 512, in der zehnten 1024,
in der elften 2048 und in der zwölften Generation 4096 Ahnen
theoretisch betrachtet erwarten dürfen. Da die letzteren Zahlen
schon groß genug sind, um einen Schluß auf das progressive
Verlustverhältniß in den weiteren Reihenfolgen machen zu können,
so darf einer so erkannten Ahnenreihe eine über den einzelnen
Fall wohl hinausragende Bedeutung zugeschrieben werden.

II.
Beschreibung der Ahnentafel Kaiser Wilhelms II.

Schon deshalb darf man in der Ahnentafel des Kaisers
Wilhelm ein geeignetes Beispiel für genealogische Beobachtungen
erblicken, weil sich bei ihm die ersten vier oberen Generationen
mit einer einzigen Ausnahme ganz regelmäßig aufbauen. In
den vier Großeltern und acht Urgroßeltern fehlt bekanntlich
kein für sich zu zählendes Glied. Erst bei den sechzehn Ahnen
tritt eine Verminderung um zwei ein, da Ernst I., Herzog von
Koburg und die Gemahlin des Herzogs von Kent, die Mutter
der Königin Victoria, Geschwister waren. Der Ahnenverlust
Kaiser Wilhelms II. beginnt also erst bei dem Herzog Franz
von Sachsen-Coburg-Saalfeld und seiner ausgezeichneten, klugen
und energischen Gemahlin, Prinzessin Auguste Caroline von Reuß-

Ebersdorf. Diese beiden Ahnen finden sich in der vierten Generation zweimal vertreten und verursachen in den nächst höheren Reihen einen immer neu sich verdoppelnden Verlust. Im Uebrigen zeigt die Sechzehnahnenreihe Kaiser Wilhelms II. hohenzollernsches und oldenburgisch-russisches Blut je einmal, Mecklenburg-Strelitz zweimal, Hessen-Darmstadt dreimal, Mecklenburg-Schwerin und Württemberg je einmal, englisches, Weimarisches und Gotha-Altenburgisches Blut je einmal, Koburgisches und Reuß-Ebersdorfisches Blut aber je zweimal. Greift man nun in die fünfte Ahnenreihe hinauf, so findet man alsbald einen weiteren Verlust von vier Ahnen, indem Ludwig IX. von Hessen-Darmstadt und seine Gemahlin Karoline von Zweibrücken-Birkenfeld, sowie Herzog Karl Ludwig Friedrich von Mecklenburg-Strelitz und Christine-Albertine von Sachsen-Hildburghausen je zweimal als Elternpaare erscheinen, diese beiden als die Eltern Karls II. und Sophie Charlottes von Mecklenburg, beziehungsweise Großeltern der unvergeßlichen Königin Louise von Preußen und des Herzogs von Kent, also auch Urgroßeltern des Kaisers Wilhelm I. und der Königin Victoria von England, jene Darmstädter aber als die Eltern von Louise Friederike und Louise, Gemahlinnen von Friedrich Wilhelm II. von Preußen, und Karl August von Weimar, Urgroßeltern mithin von Kaiser Wilhelm I. und seiner eigenen Gemahlin Augusta.

Die Ahnenreihe, die 32 Personen zählen sollte, und bei der wir nach Abrechnung des Verlustes in der vierten Reihe immer noch 28 erwarten durften, weist demnach nur noch 24 wirkliche Ahnen auf; immerhin noch eine sehr ansehnliche Anzahl im Vergleiche zu den schon erwähnten, oft viel stärkeren Fällen von Ahnenverlusten bei den früher besprochenen Beispielen. Zugleich zeigt sich auch, daß der Vater des Kaisers Wilhelm wiederum in seinen Ahnenverhältnissen genau in derselben Lage war, wie sein Sohn, indem auch Kaiser Friedrich III. 4, 8, aber statt 16 nur 14 thatsächliche Ahnen zählte.

Wir steigen zur sechsten Ahnenreihe hinauf! Sie ist diejenige, welche für Kaiser Wilhelm II. verhältnißmäßig die stärkste Zunahme an Ahnen ergiebt, soweit sich die früheren und späteren Generationsreihen übersehen lassen. Es sind in der sechsten Ahnenreihe statt 64 nach Maßgabe der früheren Verluste noch 48 Ahnen zu erwarten, und davon finden sich thatsächlich noch

44 vor, mithin beträgt der ganze Verlust gegenüber der theoretischen Zahl hier nur ein Sechstel der Zunahme, während er sich in der vorhergehenden Generation auf nahezu ein Drittel gestellt hatte. Diese weitere, wenn auch nur geringe Einbuße ist durch zwei Elternpaare herbeigeführt, die sich einmal von hessischer und einmal von braunschweigischer Seite eingestellt haben. Ludwig VIII. von Hessen-Darmstadt und seine Gemahlin Charlotte Christine von Hanau waren die Eltern zugleich von Ludwig IX. und von Georg Wilhelm von Hessen; und Ferdinand Albrecht II. von Braunschweig-Wolfenbüttel, vermählt mit Antoinette Amalia von Braunschweig-Blankenburg, ist durch zwei Töchter, Gemahlinnen des Prinzen August Wilhelm von Preußen und des Herzogs Ernst Friedrich von Coburg-Saalfeld, Ahnherr des Kaisers Wilhelm II. geworden. Im Uebrigen ist gleich hier die Bemerkung zu machen, daß sich der Kreis der Familien, aus denen dem Kaiser Ahnen zuwachsen, außerordentlich stark vermehrt hat. So sind namentlich die brandenburgischen Seitenlinien von Ansbach und Bayreuth, wie auch Schwedt in der sechsten oberen Generation sehr stark vertreten. Es erscheinen außerdem die Häuser von Hanau, Nassau-Saarbrück, Erbach-Erbach und Schönberg, Leiningen und Solms-Rödelheim, Anhalt-Zerbst, Thurn und Taxis, Schwarzburg-Rudolstadt und Sondershausen, Kastell-Remlingen, Stollberg in dieser Reihe. Endlich empfängt die Ahnentafel an dieser Stelle den Zuwachs altrussischen Blutes durch die Mutter des Gottorpers Peter III., die Tochter Peters des Großen. Durch diese Abstammung wird der Ahnentafel manche Verlegenheit bereitet, von der später eingehender zu sprechen sein wird. Im Allgemeinen ist hier nur zu sagen, daß die sechste Generation einen gewissen Wendepunkt in der Aufnahme des Ahnenblutes bezeichnet und daß es gewissermaßen eine erweiterte Welt ist, in der nun die Generationenbildung vor sich geht. Man sollte daher denken, daß auch der Ahnenzuwachs in das Ungemessene fortschreiten werde und die Verlustreihen sich vermindern müßten. Je mehr sich aber dem kombinirenden Verstande diese Vorstellung aufdrängt, desto wichtiger ist es, die thatsächliche Zählung weiter zu verfolgen und die persönliche Betrachtung der Ahnentafel an die Stelle arithmetischer Gesetze zu stellen. Dabei ist aber an dieser Stelle aufmerksam zu machen, daß in den höheren Generationen die

Ahnen des Kaisers Wilhelm strenge genommen nur im diplomatischen oder, wie man zu sagen pflegt, stiftsfähigen Sinne betrachtet und gezählt werden konnten. Es wird zunächst durchaus nur auf diejenigen Rücksicht genommen werden, deren Genealogie sicher steht. Später sollen dann die aus dem Mangel sicherer Ueberlieferungen entstandenen Lücken, um zu einer wenigstens annähernd genauen Schätzung aller wirklichen Personen zu gelangen, die als Ahnen des Kaisers gelten dürfen, noch des Weiteren in Erwägung gezogen werden.

Zunächst richten sich unsere Blicke auf die siebente Ahnenreihe mit theoretisch angenommenen 128 Ahnen. Berücksichtigt man die in der sechsten Generation gezählten Personen, so dürfte man noch 88 Mitglieder dieser Reihe erwarten.

In der Wirklichkeit zeigt die Ahnentafel weitere Verluste: Ferdinand Albrecht II. von Braunschweig und seine schon erwähnte Gemahlin, Urgroßeltern Karl Augusts von Weimar, ferner Friedrich Wilhelm I., König von Preußen, und seine Gemahlin Sophie Dorothea, Friedrich II. von Gotha und Magdalena von Anhalt-Zerbst, Josias von Coburg-Saalfeld und Anna von Schwarzburg-Rudolstadt, endlich Georg I. von England und Sophie Dorothea von Braunschweig-Celle kommen, ganz abgesehen von den schon vorher wegfallenden Nachkommenschaften, theils schon in der sechsten, theils in der siebenten Ahnenreihe, theils zwei-, theils dreimal vor. Indem sie doch nur einmal als Ahnen gezählt werden können, besonders auch dann, wenn sie schon, was sich nun immer häufiger ereignet, in der vorhergehenden Generation vorgekommen waren, so beträgt der gesammte Ahnenverlust in der siebenten oberen Ahnenreihe neuerdings 14 Personen gegenüber den erwarteten 88: statt 128 sind nur 74 vorhanden.

In der achten Ahnenreihe tritt der Fall ein, daß die männlichen Aszendenten des preußischen Königshauses durch die Verluste, die durch die Heirath des Königs Friedrich Wilhelm I. mit Sophie Dorothea herbeigeführt wurden, unmittelbarer beeinflußt erscheinen. Der Kurfürst Ernst August von Hannover und seine Gemahlin Sophie von der Pfalz sind doppelte Urgroßeltern des Prinzen Wilhelm August, auch König Friedrichs II., wie nebenher bemerkt werden mag, und steht, wenn man die ganze Reihe vollständig darstellen wollte, nicht weniger als sechsmal als achtes

Ahnenpaar des Kaiser Wilhelms II. da. Ebenso tritt der große Kurfürst selbst mit seinen beiden Gemahlinnen als doppelter Ahnherr auf, aber so, daß er selbst als Vater Friedrich I. und des Markgrafen Philipp Wilhelm von Schwedt nur einmal, seine beiden Gemahlinnen, aber jede besonders gezählt werden müssen. Es ergiebt sich daraus, daß die in der achten Reihe erscheinenden Personen eine ungerade Zahl bilden werden. Anderer Fälle von doppelter, drei- und mehrfacher Ahnenschaft sei hier nur beispielsweise gedacht: Ferdinand Albrecht I. von Braunschweig und Christine von Hessen-Eschwege, Ludwig Rudolf von Braunschweig und Christine von Oettingen, Christian Albrecht von Holstein-Gottorp und Friederike Amalia von Dänemark, Johann von Anhalt-Zerbst und Sophie Auguste von Holstein-Gottorp, Friedrich I. von Sachsen-Gotha und Magdalene Sibylle von Sachsen-Weißenfels, Georg Albert Graf von Erbach und Elisabeth Dorethea von Hohenlohe, Anton Ulrich von Braunschweig-Wolfenbüttel und Elisabeth Juliane von Holstein-Norburg, Albrecht von Brandenburg-Ansbach und Sophie Margarethe von Oettingen u. a. m. Das merkwürdigste Beispiel von Ahnenschaft, welches die Tafel wohl überhaupt aufweist, bietet aber der sächsische Herzog Ernst der Fromme mit seiner Gemahlin Elisabeth Sophie von Sachsen-Altenburg dar. Dieses fruchtbare Elternpaar mit seinen 18 Kindern hat in der Zeit von 25 Jahren gewissermaßen alle Generationsrechnungen aufgehoben und eine Nachkommenschaft gezeugt, die sich in fast unberechenbarer Weise über nicht weniger als drei Menschenalter auszubreiten vermochte. So tritt denn Ernst der Fromme als ein Stammvater mit seiner Gemahlin in der achten Ahnenreihe Kaiser Wilhelms II. zum ersten Male auf und begegnet hier schon wiederholt, um in allen höheren Generationsreihen immer wieder zu erscheinen. Es läßt sich kaum mit Sicherheit sagen, wie oft er als Ahnherr zu zählen sein mag, jedenfalls zeigt ihn die Tafel in der achten Reihe zuerst und er war daher auch hier zu verbuchen. In ganz ähnlicher Weise erscheint auch Philipp der Großmüthige von Hessen als Stammvater aller hessischen Nachkommen in den nächst höheren Generationen in mehr als zwanzigfacher Wiederholung. Indem man sich nun aber anschickt, die Gesammtsumme der Ahnen in der achten Reihe festzustellen, muß hier noch auf den ganz besondern Umstand aufmerksam gemacht werden, daß fünf Personen unbekannt und unbestimmbar bleiben; es soll später über den steigenden Zuwachs an solchen besonders gesprochen werden, hier sei nur hervorgehoben, daß diese namenlosen Unbekannten in der achten Reihe zu erstehen beginnen. Die namentlich erkannten Ahnen der achten Reihe betragen dagegen 111. Mit der theoretischen Zahl 256 verglichen, beträgt der Verlust bereits 145 und bedenkt man die thatsächlich gefundene Zahl der Personen in der früheren Generation, nach welcher wenigstens 148 zu erwarten gewesen wären, so stellt sich eine neuerliche Verlustziffer von 37 Individuen als Resultat der Zählung dar.

Von der neunten Ahnenreihe ab vermehren sich die aus früheren Verwandtschaftsheirathen entstehenden Verdoppelungen und Verdrei- und Vervierfachungen der Ahnen in geradezu unbeschreiblicher Weise, und es wird nicht möglich sein, dem Leser ein volles Bild der Ahnentafel zu geben, so lange typographische und andere Mittel es nicht erlauben, die ganze Ahnentafel in regelrechter Weise vorzuführen. Es wird von Seite des Verfassers der vorliegenden Arbeit ein großer Grad des Vertrauens in Anspruch genommen werden müssen. Die Resultate sind aber so außerordentlich auffallende, daß selbst bei Voraussetzung einiger Irrthümer, die bei solchen Dingen nie mangeln werden, eine sichere Grundlage für weitere Schlüsse in Betreff der Ahnenfragen doch immerhin gewonnen werden dürfte.

In Uebereinstimmung mit den Beobachtungen an der achten Generation zeigt sich auch in der neunten das häufige Erscheinen von gewissen Stammeltern, die durch einen reichen Kindersegen ausgezeichnet waren. Besonders sind es die Braunschweiger und Lüneburger, die im 17. Jahrhundert durch großen Familienbestand fruchtbar in alle Kreise des höchsten Adels eingriffen: so der schon erwähnte Ernst August mit seiner pfälzisch-englischen Gemahlin, Georg von Lüneburg mit Anna Eleonore von Hessen-Darmstadt, August von Braunschweig mit Dorothea von Anhalt-Zerbst, Heinrich von Braunschweig mit Ursula von Lauenburg u. s. w. Die großen Geschlechter am Anfang und um die Wende des 17. Jahrhunderts, wozu insbesondere auch Mecklenburg und Holstein-Gottorp gehörten, sind oftmals vertreten. Wie sie sich in so verschiedene Zweige und Linien theilen, so ist auch die Vertheilung ihres Blutes durch von ihnen abstammende

Mütter in den verschiedensten Häusern sehr ausgiebig. Der Genealog kann sich hierbei der Beobachtung nicht entziehen, daß gerade die fruchtbarsten Stammeltern diejenigen sind, die den späten Nachkommen die größten Ahnenverluste bereiten, und daß mithin Kindergewinn und Ahnenvermehrung in umgekehrtem Verhältnisse zu einander stehen. Wenn aber dabei bemerkt werden muß, daß die im Braunschweigischen und Lüneburgischen Hause im 17. und 18. Jahrhundert stattgefundene ganz enorme Descendenzzunahme und der ungewöhnliche Kindersegen dieser Häuser doch nicht verhindert hat, daß am Ende des 19. die gesammte Erhaltung des Mannesstammes beider Häuser auf wenigen Augen stand, so wird sich der Genealog der Vermuthung nicht erwehren können, daß es am Ende doch für die Erhaltung der Familie mehr auf zahlreiche Ahnen, als auf zahlreiche Kinder ankommt. Doch es sei gestattet, nach dieser kurzen Abschweifung auf die kaiserliche Ahnentafel zurückzugreifen.

Das eigenthümlichste in den nächst oberen Generationen scheint zu sein, daß die Zahl der Ahnen aus den nächst stehenden Adelskreisen von Grafen und Herrengeschlechtern rasch zunimmt, ohne daß deshalb eine Vermehrung von Ahnen in irgend nennenswerther Zahl erfolgte. Es sind insbesondere Oettingen, Hanau, Waldeck, Baden in allen Zweigen, Nassau, Erbach, Hohenlohe, Salm und die Wild- und Rheingrafen, Solms, insbesondere die Laubacher, aber auch die Rödelheimer, ferner Schönburg, Barby, Castell, die in den vier obersten Generationen man möchte fast sagen den Reigen führen. Persönlichkeiten wie Crafft von Hohenlohe oder der gelehrte Herr Johann Georg von Solms-Laubach gehören zu den allerhäufigsten Ahnen des Kaisers Wilhelm II. So hat auch Georg von Erbach durch seine in der zweiten Hälfte des sechzehnten Jahrhunderts geborenen zwanzig Kinder eine reichliche Saat unter den deutschen Adel gesäet, und ebenso kann es nicht Wunder nehmen, daß Wolfgang von Barby, der 1565 starb und 16 Kinder hatte, sicherlich zehnmal als Ahnherr des Kaisers erscheint, während sein Geschlecht ausgestorben ist.

Indem es nun gestattet werden mag, die Resultate der wirklich stattgefundenen Zählungen der persönlich nachweisbaren Ahnen in den vier nächsten oberen Generationen mitzutheilen, sei bemerkt, daß dies auf Grund eines Zeddelkatalogs geschehen ist, auf welchem alle einzelnen Personen mit der Ahnenreihe verzeichnet sind, in welcher sie zuerst vorkommen. Hierbei zeigte die neunte Ahnenreihe, welche theoretisch 512 Ahnen hat, nur noch 162 Personen. Da nach dem früheren Resultat für die achte im Betrage von 111 Personen doch 222 zu erwarten gewesen wären, so beträgt der neuerdings eingetretene Verlust 60 Personen.

Der wirklich vorgefundenen Anzahl entsprechend sollte die zehnte Ahnenreihe daher statt 1024 doch immer noch 324 aufweisen, aber es wurden nur 206 aufgefunden. Der neuerliche Verlust betrug mithin 118 Personen.

In der elften Ahnenreihe fordert die Arithmetik 2048 Ahnen, in Wirklichkeit wurden 225 gezählt. Die erwartete Zahl war 412.

In der zwölften Ahnenreihe endlich stehen statt 4096 Personen nur 275 gezählte Ahnen, 175 weniger als erwartet werden konnten.

Ueberſicht der geſammten Ahnenverluſte.

Ahnenreihe	I	II	III	IV	V	VI	VII	VIII	IX	X	XI	XII
Theoretiſche Zahl	2	4	8	16	32	64	128	256	512	1024	2048	4096
Wirklich gefundene Perſonen	2	4	8	14	24	44	74	111	162	206	225	275

Um das voranstehende Zahlenergebniß richtig zu bewerthen, muß man sich an dieser Stelle nochmals der Bemerkung des Eingangs schon erwähnten trefflichen Richter erinnern, wo derselbe auf den Unterschied verschiedener Ahnenzählungen und auf die besondere Bedeutung der im diplomatischen oder stiftsfähigen Sinne aufgestellten sogenannten Ahnenproben hingewiesen hat. Die hier untersuchte Ahnentafel ist mit Außerachtlassung aller Personen, die nicht ganz bestimmt nachweisbar waren, ausgearbeitet worden. Nicht gering war so die Anzahl derer gewesen, die sich, sei es zunächst aus Mangel an Hilfsmitteln, sei es vermöge ihrer aller Ueberlieferung entbehrenden Abstammung, der Kenntniß des Genealogen entzogen. Die gezählten Persönlichkeiten sind durchaus Leute, deren geschichtliches Dasein sicher überliefert ist, und die Ahnentafel beruht durchaus auf der strengsten Ausſonderung von allem ungewiſſen und zweifelhaften. Vom rein genealogiſchen Standpunkte betrachtet, wird man einer solchen Tafel den größeren Werth beilegen. Aber es giebt noch einen andern Gesichtspunkt, der für die Aufstellung und Betrachtung der Ahnentafel wichtig ist. Wenn es sich darum handelt, ein Bild davon zu gewinnen, wie sich das empirisch festzustellende Verhältniß der thatsächlichen Ahnen eines Menschen zu den theoretisch anzunehmenden, d. h. arithmetisch erforderten Ahnen eigentlich beschaffen sei, so erscheint der Wegfall jener Personen, die nur deshalb nicht gezählt sind, weil die Nachrichten über dieselben fehlen, als ein Rechenfehler, dessen Korrektur unbedingt nöthig sein wird. Um aus der Ahnentafel in ethnologischer und physiologischer Beziehung verwerthbares Material zu gewinnen, wird man sich wenigstens so viel wie möglich bestreben müssen durch Wahrscheinlichkeitsberechnungen zu den wirklichen Zahlen der Ahnen zu gelangen. Zu diesem Zwecke wird es zunächst nöthig sein, über die auf der Ahnentafel Kaiser Wilhelms fehlenden Personen genaueres anzugeben.

Der universale europäische Charakter der Ahnentafel kennzeichnet sich dadurch, daß derselben kaum eine von jenen man möchte sagen berühmten Namen fehlt, an deren Vorhandensein alle Ebenbürtigkeitstheorieen der gelehrtesten Staatsjuristen von jeher gescheitert sind. Die Zeutsch, die d'Olbreuse und die Prinzessin Ahlden, das Mädchen von Marienburg, alle sind sie auf der Stammtafel vorhanden und stellen dem Genealogen die unerbittlichen Räthsel ihrer Abstammung und ihrer Vorfahren. Es ist schon oben aufmerksam gemacht worden, S. 81, daß in der achten Generation bereits fünf Personen zu wenig gezählt worden sind. Es waren dies die beiden Eltern der Zeutsch, die Eltern der Kaiserin Katharina und ferner die Mutter der Gräfin von Ahlefeldt. Wenn die Annahme berechtigt wäre, daß diese fünf Personen vollständige, wenn auch nicht stiftsgemäße, so doch menschlich lückenlose Ahnenproben liefern könnten, so würde durch dieselben schon in der neunten Generation ein Zuwachs von 10, in der zehnten ein solcher von 20, in der elften von 40 und in der zwölften von 80 Personen zu berechnen sein. Hieraus ist deutlich zu ersehen, wie wichtig es ist, die Lücken der Ahnentafel genau zu bezeichnen, beziehentlich zu berechnen. Außerdem sei bemerkt, daß gewisse Persönlichkeiten in ihren Ahnenverhältnissen nur deshalb zur Zeit nicht aufgenommen werden konnten, weil die geeigneten Hilfsmittel nicht zur Hand waren. Es würde nicht schwer sein, manche Vervollständigung darzubieten. So fehlt in der neunten Generation der Name der Mutter der Eleonore d'Olbreuse, während in den folgenden Reihen ihre sämmtlichen Ahnen unbekannt sind. Die Ahnen von Eleonore von Scharffenstein und von der Gräfin von Ahlefeldt fehlen seit der neunten Ahnenreihe. Die russischen Stammbäume wurden ganz vernachlässigt. Es fehlen die Ahnen von Michael Feodorowitsch, Eudoxia Lukanowna, die Narischkin und wie schon erwähnt das Mädchen von Marienburg; das gleiche gilt von einer Gräfin von Thurn und Taxis, gebornen von Hörnes, und von der erwähnten Zeutsch; ferner von Sigismund Graf zu Promnitz und dessen Frau, geb. Schönburg; endlich von Apollonia von Zelking, Elisabeth von Fränking, Barbara Teuffel, Susanna von Preising, Sophia von Hohenegg. Die Personen, denen in der zwölften Generation die Eltern ganz oder theilweise fehlen, sind auf der Ahnentafel noch häufiger. Eine Zusammenstellung des Abgangs ersieht man aus folgender Tafel:

N a m e n.	9.	10.	11.	12.
Mutter der Eleonore d'Olbreuse . . .	1	2	4	8
Alexander d'Olbreuse	.	2	4	8
Carola v. Coligny	.	.	.	2
Katharina v. Soubise	.	.	2	4
Ulrich v. Rappoltsteins Gemahlin . .	.	.	1	2
Elisabeth v. Sayn	.	.	2	4
Caecilia v. Ecka, Erich Wasas Gemahlin	.	.	.	2
Anna Maria v. Nassau, Gemahlin Wierichs IV. von Daun	.	.	.	2
Eleonore v. Scharffenstein	2	4	8	16
Gräfin Ahlefeldt und ihr Vater Graf Ahlefeldt	4	8	16	32
Georg Teuffel und Gemahlin . . .	.	.	1	4
Michael Feodorowitsch	.	2	4	8
Eudoxia Lukanowna	.	2	4	8
Narischkin und Frau	.	4	8	16
Katharina I., (2 in der achten) . .	4	8	16	32
Zeutsch, (2 in der achten)	4	8	16	32
Thurn und Taxis geb. Gräfin Hörnes .	.	4	8	16
Polyxena v. Pernstein	.	.	2	4
Seite . . .	15	44	96	200

Namen.	9.	10.	11.	12.
Uebertrag....	15	44	96	200
Jodocus v. Eicken und Gemahlin..	.	.	1	4
Sigismund Seifried v. Promnitz, Mutter	.	.	2	4
Und dessen Frau, geborene v. Schönburg	.	2	4	8
Apollonia v. Zelking.....	.	2	4	8
Elisabeth v. Fränking...	.	.	2	4
Barbara Teuffel......	.	.	2	4
Anna della Scala......	.	.	.	2
Anna Koenigstein-Rochefort, Mutter	.	.	.	1
Elisabeth v. d. Plesse	.	.	.	2
Barbara v. Mansfeld, Mutter...	.	.	.	1
Eltern der Frau v. Wolfgang v. Hohenstein	.	.	.	2
Eltern der Affra Gallin v. Gallenstein	.	.	.	2
Sophia v. Hohenegg......	.	.	2	4
Susanna Eleonore v. Preising...	.	2	4	8
Johanna Perkin v. Dub.....	.	.	.	2
Susanna v. Volckra.....	.	.	.	2
Summe der Fehlenden..	15	50	117	258
Summe der namentlich Gezählten..	162	206	225	275
Hauptsumme..	177	256	342	533

Hauptvergleichung.

Ahnen-reihe.	Theo-retische Zahl.	Zu erwar-tende Anzahl.	Thatsächlich gefundene Personen.	Unbekannt Gebliebene und Fehlende.	Wahr-scheinliche Gesammt-summe.	Anmerkung.
I.	2	2	2			Die in der dritten Ru-
II.	4	4	4			brik vorkommende
III.	8	8	8			Ziffer bezieht sich
IV.	16	16	14			jedesmal auf die
V.	32	28	24			gefundene Zahl der
VI.	64	48	44			vorhergehenden
VII.	128	88	74	.	.	Ahnenreihe.
VIII.	256	148	111	5	116	Vgl. S. 81 oben.
IX.	512	232	162	15	177	
X.	1024	354	206	50	256	
XI.	2048	512	225	117	342	
XII.	4096	684	275	258	533	

Bei dieser Schlußzählung ist übrigens außer Acht geblieben, daß unter den unbenannten Personen der elften und zwölften Ahnenreihe in den Fällen, wo von einem Nachkommen in der Ascendenz schon 16 und selbst 32 Personen zu zählen waren, sehr wahrscheinlicher Weise ebenfalls Ahnenverlust eingetreten sein wird. Dieser Ahnenverlust der unbenannten Personen würde indessen die Hauptergebnisse der Zählung doch nur unbedeutend verändern, denn wenn man auch von den mit 16 und 32 Ahnen bezifferten Personen einen Ahnenverlust von einem Viertheil annehmen würde, so kämen von der Gesammtsumme bei der elften Ahnenreihe doch nur 12 und bei der zwölften 36 Personen in Abzug. Man hätte sonach statt der theoretischen 2048 330 und statt der 4096 497 Ahnen nachgewiesen; mit anderen Worten: es sind bei der hier untersuchten Ahnentafel in der elften Generation nur $16^{1}/_{2}$, in der zwölften nur 12 Prozent übrig geblieben. Welche Schlußfolgerungen lassen sich aber aus diesen Ergebnissen überhaupt gewinnen? — —

Bevor es an diesem Orte unternommen werden soll, diese schwierige Frage wahrlich nicht zu beantworten, sondern nur etwa in Erwägung zu ziehen, dürfte es indessen für viele Leser von Interesse sein, die vier Jahrhunderte der Ahnengeschichte des Kaisers Wilhelm II. und seiner hohen Geschwister noch von einer anderen Seite her zu betrachten, mit welcher sich die Familienforschung besonders gern beschäftigt. Und da, wenn auch zu anderen Zwecken, die Aufstellung dieser Ahnentafel eben versucht worden ist, so mag hier eine Uebersicht der sämmtlichen Familien folgen, aus denen die gezählten Ahnen Kaiser Wilhelms II. hervorgegangen sind. Die Generationsreihen sind dabei ganz außer Betracht gelassen.

I. Ahnen aus regierenden Häusern.

1. Anhalt (Bernburg, Dessau, Zerbst). 2. Baden (Baden, Durlach, Hochberg, Sausenberg). 3. Bourbon. 4. Braunschweig (Celle, Dannenberg, Grubenhagen, Lüneburg, Hannover-England, Wolfenbüttel). 5. Hessen (Bingenheim, Cassel, Darmstadt, Eschwege, Homburg, Marburg, Philippsthal). 6. Lichtenstein. 7. Lippe. 8. Mecklenburg (Güstrow, Schwerin, Strelitz). 9. Nassau (Dietz, Dillenburg, Oranien, Saarbrück, Saarwerden, Siegen, Weilburg, Wiesbaden). 10. Oesterreich (3 Habsburger

saec. XVI). 11. **Oldenburg** (Königl. dän. Linie, Auguſtenburg, Beck, Delmenhorſt, Glücksburg, Gottorp, Norburg, Sonderburg). 12. **Pfalz** (Birkenfeld, Biſchweiler, Lützelſtein, Neuburg, Simmern, Veldenz, Zweibrücken, auch jetziges Königl. bayr. Haus). 13. **Polen** (Jagellonen). 14. **Pommern** (Wolgaſt). 15. **Preußen** (Kurf. u. Königl. L., Ansbach, Baireuth, Culmbach, Jägerndorf, Küſtrin, Herzogl. preuß. L., fürſtl. Hohenz. L. [Hechingen, Sigmaringen]). 16. **Reuß.** 17. **Rußland** (Romanows und Oldenburger). 18. **Sachſen** (a. Lauenburg, b. Wettiner, vor und nach der Theilung, Albertiner: Kurlinie, Weißenfels; Erneſtiner: Weimar, Eiſenach, Eiſenach·Jena, Gotha·Altenburg, Coburg·Saalfeld, Gotha, Hildburghauſen, Meiningen). 19. **Schaumburg·Holſtein.** 20. **Schwarzburg** (Rudolſtadt, Sondershauſen). 21. **Schweden** (Waſa, Pfälzer und Gottorper). 22. **Stuart.** 25. **Waldeck.** 24. **Württemberg.** 25. **Lothringen** (Guiſe).

II. Standesherrliche Geſchlechter.

1. Bentheim. 2. Caſtell. 3. Dietrichſtein. 4. Erbach. 5. Fürſtenberg. 6. Henneberg. 7. Hohenlohe. 8. Jſenburg. 9. Jülich. 10. Khevenhüller. 11. Leiningen. 12. Limburg. 13. Lobkowitz. 14. Löwenſtein. 15. Mannsfeld. 16. Montfort. 17. Oettingen. 18. Oſtfriesland. 19. Salm·Wild und Rheingrafen. 20. Sayn. 21. Schönburg. 22. Solms (Braunfels, Laubach, Lich, Rödelheim, Sonnenwalde). 23. Starhemberg. 24. Stolberg. 25. Tecklenburg. 26. Thurn und Taxis. 27. Wertheim. 28. Wied.

III. Andere gräfliche und adelige Geſchlechter.

Albret, Ahlefeld, Barby, Coligny, Colditz, Dohna, Eicken, Eiſenberg, Ecka, Ems, Fränking, Frauenberg, Fleckenſtein, Gallenſtein, Gandersdorf, Glauchau, Gleichen, Hanau, Hardeck, Helffenſtein, Herberſtein, Hoheneck, Hohenſtein, Hörnes, Hoya, Königſtein, Krayers, Kuylemburg, Lamberg, Lavalle, Leiſnick, Lennor, Leuchtenberg, Liegnitz, Lodron, Löwenhaupt, Madrutz, Manderſcheid, Montmorency, Münſterberg, Neuſchatel, Noſtiz, Nuenar, Oſterburg, Pleſſe, Pernſtein, Peckin, Preiſing, Promnitz, Rappoltſtein, Reinſtein, Reizenſtein, Riedberg, Rohan, Roſenfeld, Rottal, Schaffgotſch, Scharffenſtein, Schlick, Schönfeld,

Staufen, Stedersdorf, Sternberg, Sultz, Cattenbach, Teuffel, Tolheim, Ungnad, Werdenberg, Werle, Wolfstein, Volckra, Zelking, Zinzendorf.

IV. Ueber andere unsichere Familien vgl. oben S. 84—86.

III.
Einige genealogische Schlußbetrachtungen.

Die Ahnentafel Kaiser Wilhelms II. zeigt von einer Reihe zur andern einen zunehmenden Prozentualsatz von Ahnenverlusten. Sollte man nicht denken, daß in noch höheren Reihen die absolute Zunahme ganz aufhören, und zu einer gewissen Zeit sich eine Ahnenreihe ergeben müßte, die weniger Personen enthielte als die voranstehende?

Die genealogische Forschung wird nie im Stande sein, irgend eine Ahnentafel zu so hohen Reihen emporzubringen, weil die Nachrichten selbst bei den höchst stehenden geschichtlichen Persönlichkeiten hiefür nicht zu beschaffen wären. Jede weitere Ahnenreihe selbst des Kaisers Wilhelm II. brächte schon eine so große Zahl von Lücken, daß man sich ganz in das Reich von Vermuthungen versetzt fände. Die Frage, ob die mathematische Kurve, die sich auf Grund der voranstehenden Untersuchungen nach den Verlustziffern der zwölf ersten oberen Reihen hat bilden lassen, schließlich eine Rückbiegung erfahren würde, kann selbstverständlich historisch nicht beantwortet werden; vielleicht wäre eine Wahrscheinlichkeitsberechnung möglich, sie liegt aber außer der hier gestellten Aufgabe.

Dagegen darf ein anderer Umstand nicht unberührt bleiben: viele werden die Meinung hegen, daß eine Ahnenuntersuchung von Personen des hohen Adels keinerlei allgemeine ethnologische Bedeutung haben kann. Man pflegt häufig zu hören, daß der hohe Adel eine geschlossene und begrenzte Zahl von Personen bilde, eben deshalb stets unter sich geheirathet habe und daher von Ahnenverlusten betroffen werde, die bei den unteren Ständen nicht vorkommen können. Man macht die Voraussetzung, daß vielmehr in der ungemessenen Zahl von Menschenleben in vergangenen Jahrhunderten ein unerschöpfter Grund von Ahnenreihen ohne erheblichen Ahnenverlust erblickt zu werden vermöchte. Allein diese Vorstellung ist falsch und es ist sehr wichtig, die Irrthümlichkeit derselben ein für alle Male zu erweisen. Alle richtige Beobachtung über Entwicklung und Zusammenhang von Völkern und Stämmen der Vergangenheit und Gegenwart wird davon abhängen, daß man das Ahnenproblem gerade in dieser Richtung klarzustellen und historisch-genealogisch sicher zu erfassen vermag. Aus dem Ahnenverlust ergiebt sich die Thatsache, daß alles Volksthum weit mehr unter den Begriff der Blutsverwandtschaft und der wirklichen Familienzusammengehörigkeit und folglich auch unter die natürlichen Gesetze der Vererbung fällt, als man gewöhnlich bei Erörterung dessen, was unter Nationalität zu verstehen sei, berücksichtigt. Es kann selbstverständlich diesem wichtigen Gegenstande an diesem Orte keine volle Ausführlichkeit der Erörterung zugewendet werden, aber der Leser wird wenigstens einen Beweis dafür erwarten, daß thatsächlich alle Menschen unter demselben Gesetze des Ahnenverlustes stehen, wie es bei den Mitgliedern einer geschlossenen Gesellschaft, die der hohe Adel bildet, historisch nur eben leichter nachweisbar ist.

Man braucht sich nur zu erinnern, daß zur Zeit Wilhelms des Eroberers die Bevölkerung Englands auf zwei Millionen Menschen geschätzt worden ist. Die neue Blutmischung, die zur Bildung des heutigen englischen Volkes geführt hat, beruht mithin auf einer ebenso beschränkten, wenn auch erheblich größeren Zahl von Individuen, wie die geschlossene Gesellschaft des Adels, aus welcher Kaiser Wilhelm vorzugsweise seine Ahnen bezogen hat. Nun ergiebt aber ein einfaches Rechenexempel, daß unter der Annahme einer begrenzten Zahl von 2 000 000 Engländern im elften Jahrhundert auf jeden heutigen Nachkommen derselben, ein ganz ungeheurerer Ahnenverlust entfallen muß. Denn wenn ein heutiger Mensch, wie man gesehen hat, um das Jahr 1500 auf 4096 Ahnen theoretisch Anspruch zu machen hat, so wird derselbe um das Jahr 1400 rund 32 000, um das Jahr 1300 rund 250 000, um 1200 aber zwei und um 1100 nicht weniger als 16 Millionen und folglich zur Zeit des Eroberers 32 Millionen Ahnen zu zählen haben. Da aber nur zwei Millionen Engländer vorhanden waren, so ergiebt sich für jeden heutigen Engländer, auch unter der Voraussetzung, daß alle zur Zeit des

Eroberers vorhandenen Personen an der obersten Ahnenreihe jedes einzelnen von den heute lebenden betheiligt gewesen wären, dennoch ein Verlust von 30 Millionen Ahnen, und wenn man diesen Verlust auf etwa 25 Ahnenreihen, die bis zu den Zeiten des Eroberers hinaufreichen, vertheilen wollte, so müßte sich leicht finden lassen, daß ein Ahnenverlust von 80—90 Prozent, wie ihn die Ahnentafel des Kaisers Wilhelm in der elften und zwölften oberen Generation darbot, auch allgemein menschlich betrachtet, durchaus nichts ungewöhnliches gewesen sein dürfte.

Das voranstehende ethnologische Beispiel ließe sich durch viele andere historisch sichere Thatsachen ergänzen. Man denke an die sogenannten Sachsen in Siebenbürgen, die seit dem 13. Jahrhundert kaum einen nennenswerthen fremden Zuwachs erfahren haben und auch heute eine erhebliche Veränderung ihrer Bevölkerungsziffer gegenüber der Stärke, mit welcher sie wahrscheinlich aus ihrer luremburgischen Heimath eingewandert sind, kaum voraussetzen lassen und man wird leicht berechnen können, daß jeder heutige Siebenbürgische Sachse einen noch größeren Ahnenverlust mit sich herumträgt als ein Engländer. Wie müßte sich die Sache erst in kleineren Gemeinwesen stellen, wo Sprachinseln durch viele Jahrhunderte hindurch mitten in fremder Umgebung die ungeheuerste Inzucht eines Stammes beweisen: in so vielen deutschen Dörfern in Schlesien, Polen, Rußland; und was müßte man endlich bei den sette communi in der Lombardei, oder bei den keltischen Resten von Wales für Rechnungen über Ahnenverluste aufstellen können!

In der That! der Ahnenverlust spielt eine weit größere Rolle in der Völkergeschichte als gewöhnlich angenommen wird. In den kirchlichen Gesetzen früherer Zeiten wird man unschwer das Bestreben erblicken, durch Aufstellung von Ehehindernissen die nachkommenden Geschlechter vor allzugroßen Ahnenverlusten zu bewahren. In neuerer Zeit ist an die Stelle der geistlichen Richter ein starker Anspruch der Aerzte getreten, welche sich bemühen, eine recht rigorose Ansicht über die Bedeutung von Ahnenverlusten zu verbreiten. Aber sind nicht alle diese Meinungen gefaßt und ausgesprochen ohne die hinlängliche genealogische Grundlage? Muß nicht jemand der ein paar Hundert wirkliche Ahnentafeln studirt, und nach allen Seiten hin geprüft hat, sich über die Leichtigkeit wundern, mit der man diese Dinge auf Grund von lauter zweifelhaften Annahmen, verkündet?

Vielleicht ist es dem Verfasser dieser Abhandlung, die nur einen kleinen Theil eines größeren Ganzen bildet, einmal vergönnt, etwas mehr Material zu den Fragen beizubringen, die die Ahnentafel überhaupt an die wissenschaftliche Forschung stellt. Vorläufig möchte derselbe nur recht eindringlich vor allen voreiligen Schlüssen warnen und zu einem etwas ernsthafteren Betrieb der genealogischen Wissenschaft aufmuntern, denn sie giebt viel zu denken.

.